AF186681

Bibliografische Information der Deutschen Nationalbibliothek:
Die Deutsche Nationalbibliothek verzeichnet diese Publikation
in der Deutschen Nationalbibliografie; detaillierte bibliografische Daten sind im Internet über _dnb.dnb.de_ abrufbar.

© 2019 Andreas Sperling-Pieler
Herstellung und Verlag: BoD – Books on Demand Norderstedt
ISBN: 9783750426856

Andreas Sperling-Pieler

Mit Bibel überLeben

Wie kommt das Kamel durch's Nadelöhr

Vorwort

Mein persönlicher Arbeitstitel dieses Buch war: „Deutliche Worte" – und genau darum geht es: um deutliche Worte und provokante Maximalforderungen der Bibel. Das Buch will keine Antworten liefern, sondern Gesichtspunkte und Sichtweisen zur Verfügung stellen, die einen neuen Blickwinkel ermöglichen. Manchmal wirft die Beschäftigung mit einem Text auch weitere Fragen auf, die neue Perspektiven bieten; einige davon hoffe ich, hier darstellen zu können.

Der Inhalt ist in vier Themenbereiche aufgeteilt: es geht um Gerechtigkeit, Kirche, um die Nachfolge und den Menschen. Die Texte haben dabei den Unterdrückten, Rechtlosen und Unterprivilegierten im Blick; daneben ist ein zweiter Schwerpunkt der Mensch in seiner inneren Zerrissenheit.

Bei der Beschäftigung mit den 13 Bibelstellen stieß ich immer wieder an meine persönlichen Grenzen. Dies ist auch der Grund, warum zum Teil ungewöhnliche Formen gewählt wurden, z.B. die separate Betrachtung der einzelnen Verse beim Brudermord Kains an Abel oder wie beim „Kamel und das Nadelöhr", wo es bei der Darstellung verschiedener Standpunkte belassen werden musste.

Die Textgrundlage ist in der Regel die revidierte Einheitsübersetzung 2016 – in einem Fall die Übersetzung nach Buber/Rosenzweig (vgl. S. 85).

Bücher, gerade auch theologische Texte, werden oft in Papierform gelesen (so ist es auch bei mir). Deshalb bin ich für den vorliegenden sechsten Band der Reihe „Mit Bibel überLeben" von dem Konzept der kurzen E-Books abgewichen: Er erscheint als Druckwerk und auf die Bilder, wie in den ersten fünf Bänden, habe ich verzichtet. Aus demselben Grund sind auch die Texte der ersten fünf Bände als „Textsammlung" in gedruckter Form erschienen.

Eine Besonderheit dieses Bandes ist das Bibelstellen- und Stichwortverzeichnis im Anhang. Es umfasst alle sechs bisher erschienen Bände der Reihe und erleichtert Multiplikatoren und privaten Lesern den Umgang mit der Themenfülle und kann so eine wertvolle Hilfe bei der gezielten Suche sein.

Andreas Sperling-Pieler

Inhalt

Über die Gerechtigkeit

Strafrede über die Zeitgenossen - Amos 5,21-6,7 [1]

21 Ich hasse eure Feste, ich verabscheue sie /
und kann eure Feiern nicht riechen.
22 Wenn ihr mir Brandopfer darbringt, /
ich habe kein Gefallen an euren Gaben / und eure fetten
Heilsopfer will ich nicht sehen.
23 Weg mit dem Lärm deiner Lieder! /
Dein Harfenspiel will ich nicht hören,
24 sondern das Recht ströme wie Wasser, /
die Gerechtigkeit wie ein nie versiegender Bach.
25 Habt ihr mir etwa Schlachtopfer und Gaben darge-
bracht /
während der vierzig Jahre in der Wüste, / ihr vom Haus
Israel?
26 Ihr werdet (den Gott) Sakkut als euren König vor euch
hertragen müssen /
und den Kewan, euren Sterngott, / eure Götter, die ihr
euch selber gemacht habt.
27 Ich will euch in die Gebiete jenseits von Damaskus ver-
bannen, /
spricht der Herr; / Gott der Heere ist sein Name.

---

[1] Die Bibelstellen sind der revidierten Einheitsübersetzung
2016 entnommen (wenn nichts anderes angegeben ist).

6,1 Weh den Sorglosen auf dem Zion /
und den Selbstsicheren auf dem Berg von Samaria. Weh
den Vornehmen des Ersten unter den Völkern. / [Weh
denen, bei denen sich die Israeliten versammeln.]
2 Zieht hinüber nach Kalne und seht euch dort um! /
Geht von da nach Hamat, in die große Stadt, / und steigt
hinunter nach Gat, ins Land der Philister! Seid ihr besser
als diese Reiche? / Ist euer Gebiet größer als ihr Gebiet?
3 Ihr, die ihr den Tag des Unheils hinausschieben wollt, /
führt die Herrschaft der Gewalt herbei.
4 Ihr liegt auf Betten aus Elfenbein /
und faulenzt auf euren Polstern. Zum Essen holt ihr euch
Lämmer aus der Herde / und Mastkälber aus dem Stall.
5 Ihr grölt zum Klang der Harfe, /
ihr wollt Lieder erfinden wie David.
6 Ihr trinkt den Wein aus großen Humpen, /
ihr salbt euch mit dem feinsten Öl / und sorgt euch nicht
über den Untergang Josefs.
7 Darum müssen sie jetzt in die Verbannung, /
allen Verbannten voran. / Das Fest der Faulenzer ist nun
vorbei.

Strafrede über die Zeitgenossen

"Ich hasse eure Feste, ich verabscheue sie und kann eure Feiern nicht riechen", Eure Standbilder und Großbauten finde ich widerwärtig; mit euren Reden und Aufmärschen voller Pracht feiert ihr doch nur euch selbst. Stattdessen wünsche ich mir Recht und Gerechtigkeit von euch – und zwar für alle.
Nach dem Krieg, als ihr Not und Vertreibung erlebtet, da hattet ihr ein Auge fürs Wesentliche, aber heute habt ihr all das vergessen: eure Götter heißen Haben-wollen, Sicherheit und Wohlstand.
Deshalb ist die Zeit der Afrikaurlaube vorbei, und auch viele andere Länder machen euch keine Freude mehr. Einzig unter Euresgleichen könnt ihr euch wohlfühlen.

Ihr in Berlin und ihr in Brüssel, in Washington und London nehmt euch in Acht: Schaut nach Athen, ins Maghreb oder ins Land der Königin von Saba; dort sind auch Menschen und dort war auch mal Hochkultur … und jetzt?
Aber ihr seid blind, ihr meint, ihr könntet Flucht und Vertreibung mit eurem Luxus begegnen. Ihr liegt in Betten aus Tropenholz und eure Häuser sind voll exotischen Schmucks und Beutekunst, eure Tiere fressen Kraftfutter, das ihr vorher Kindern gestohlen habt, euer Gemüse kommt aus Gewächshäusern Äthiopiens und eure Frauen beschenkt ihr mit Blumen aus Eritrea und Somalia.
Ihr versucht den Urvätern aus Rom, Athen und der ganzen Welt nachzueifern – aber alles, was ihr macht, ist

Getöse und viel Lärm um euch selbst. Stattdessen mauert ihr euch ein und genießt in vollen Zügen; eure eigene Bequemlichkeit ist euch wichtig – der Liegeplatz im zu vollen Boot. Ihr strebt nach Erfüllung eurer Träume – aber damit zerstört ihr jede Hoffnung.
Ich verabscheue eure Gier nach mehr und die Verachtung für das Gute, das ihr längst vergessen habt.

Darum bleibt in eurem selbst erbauten Gefängnis, das habt ihr euch so schön eingerichtet, da wollt ihr doch sein! Bleibt ruhig sitzen an eurem gedeckten Tisch, an dem ihr vor lauter Völlerei keinen Hunger mehr kennt – ich bin sicher, auch der Appetit wird euch noch vergehen!

Strafrede gegen die Mächtigen - Micha 2,1-11

*2,1 Weh denen, die auf ihrem Lager Unheil planen /
und Böses ersinnen. Wenn es Tag wird, führen sie es aus;
/ denn sie haben die Macht dazu.
2 Sie wollen Felder haben /
und reißen sie an sich, / sie wollen Häuser haben / und
bringen sie in ihren Besitz. Sie wenden Gewalt an gegen
den Mann und sein Haus, / gegen den Besitzer und sein
Eigentum.
3 Darum - so spricht der Herr: /
Seht, ich plane Unheil gegen diese Sippe. Dann könnt ihr
den Hals / nicht mehr aus der Schlinge ziehen und ihr
werdet den Kopf nicht mehr so hoch tragen; / denn es
wird eine böse Zeit sein.
4 An jenem Tag singt man ein Spottlied auf euch /
und es ertönt die Klage: / Vernichtet sind wir, vernichtet!
Den Besitz seines Volkes veräußert der Herr / und niemand gibt ihn zurück; / an Treulose verteilt er unsere Felder.
5 Darum wird in der Gemeinde des Herrn keiner mehr
sein, /
der euch einen Acker zuteilt mit der Messschnur.
6 Sie geifern: Prophezeit nicht!, und sagen: /
Man soll nicht prophezeien: / Diese Schmach wird nicht
enden.*

7 Ist etwa das Haus Jakob verflucht? /
Hat der Herr die Geduld verloren? / Sind das seine Taten? Sind seine Worte nicht voll Güte / gegenüber dem,
der geradeaus geht?

8 Gestern noch war es mein Volk, /
jetzt steht es da als mein Feind. Friedlichen Menschen
reißt ihr den Mantel herunter, / arglose Wanderer
nehmt ihr gefangen, als wäre Krieg.

9 Die Frauen meines Volkes vertreibt ihr /
aus ihrem behaglichen Heim, ihren Kindern nehmt ihr
für immer / mein herrliches Land.

10 (Ihr sagt:) Auf, fort mit euch! /
Hier ist für euch kein Ort der Ruhe mehr. Wegen einer
Kleinigkeit pflegt ihr zu pfänden; / diese Pfändung ist
grausam.

11 Würde einer sich nach dem Wind drehen /
und dir vorlügen: Ich prophezeie dir Wein und Bier!, /
das wäre ein Prophet für dieses Volk.

Strafrede gegen die Mächtigen

Weh denen, die nachts träumen von Macht,
Pläne ersinnen, wie sie Reichtum vermehren.
Gleich morgens machen sie sich ans Werk.
Ihre Taten übertreffen die kühnsten Träume
und fragt man: „Warum?"
„Weil's geht!" ist die Antwort.

Grundstücke und Häuser häufen sie an,
Preise für Wohnraum und Land
klettern in schwindelnde Höhn.
Und ziehen Bewohner nicht freiwillig aus,
sie kennen den Weg:
Politik und Verwaltung steh'n allzu oft bei.

Doch so spricht der Herr:
Ich habe die Nase voll, ich sage Euch, es ist jetzt Schluss.
Wenn die Mieten sinken und Immobilien verfallen,
wird es aus sein mit Euch.
Dann kann Euch nur noch der kleine Mann retten –
oder wer sonst?

Dann aber wird Hohngelächter erschallen und laute
Klage.
Die Ausgebeuteten werden zu Besitzenden
Und der kleine Mann bekommt seinen Lohn.

Wenn Ihr dann um Almosen fleht,
wird man den Rücken kehren.
Keiner wird Euch mehr kennen,
und Ihr seid Fremde im eigenen Dorf.

Werdet Ihr aber zeitig gewarnt, schüttelt Ihr den Kopf.
Ich hör schon die Worte:
„Mal nicht den Teufel an die Wand …

… und ist es denn böse Geschäfte zu machen?
Seht wir sind vom Glück gesegnet,
der Herr steht uns bei!"
Und wenn's dann geschieht,
war es das Glück, das Euch verließ.

Nein, Eure Taten seht Ihr nicht.
Ein jeder spürt doch den rechten Weg,
jeder, der ehrlich und aufrecht geht.
Er fühlt die Verpflichtung,
die er mit seiner Freiheit erhielt!

Sie kehren mir über Nacht den Rücken,
handeln, wie es nicht richtig ist.

Ihr vergreift euch an wehrlosen Menschen,
selbst harmlose Nachbarn verschont Ihr nicht, gerade so,
als wär in Euren Köpfen nur Kampf,
„haben-wollen" und „ich-allein"

Aus Haus und Hof vertreibt Ihr den Mensch.
Er verlässt die Heimat, weil Ihr ihn vertreibt.

Wo früher fröhliche Kinder gespielt,
Familien mit den Alten auf sonnigem Pfad,
regiert jetzt Mammon und der Profit:
den Armen wird das Geringe genommen;
was er noch hat, hat keinen Wert.

Aber Ihr wollt ein Fähnchen im Wind,
nach eurem Munde soll die Prognose sein:
„Freibier für uns und Wasser fürs Volk"
das wär' Euer Geschmack.

Die Seligpreisungen - Mt 5,1 - 12

5,1Als Jesus die vielen Menschen sah, stieg er auf einen Berg. Er setzte sich, und seine Jünger traten zu ihm. 2Dann begann er zu reden und lehrte sie. 3Er sagte: Selig, die arm sind vor Gott; / denn ihnen gehört das Himmelreich. 4Selig die Trauernden; / denn sie werden getröstet werden. 5Selig, die keine Gewalt anwenden; / denn sie werden das Land erben. 6Selig, die hungern und dürsten nach der Gerechtigkeit; / denn sie werden satt werden. 7Selig die Barmherzigen; / denn sie werden Erbarmen finden. 8Selig, die ein reines Herz haben; / denn sie werden Gott schauen. 9Selig, die Frieden stiften; / denn sie werden Söhne Gottes genannt werden. 10Selig, die um der Gerechtigkeit willen verfolgt werden; / denn ihnen gehört das Himmelreich. 11Selig seid ihr, wenn ihr um meinetwillen beschimpft und verfolgt und auf alle mögliche Weise verleumdet werdet. 12Freut euch und jubelt: Euer Lohn im Himmel wird groß sein. Denn so wurden schon vor euch die Propheten verfolgt.

Wehe euch

Er richtete seine Augen auf seine Jünger und sagte:
Selig, ihr Armen, denn euch gehört das Reich Gottes.
Selig, die ihr jetzt hungert, denn ihr werdet satt werden.
Selig, die ihr jetzt weint, denn ihr werdet lachen.
Selig seid ihr, wenn euch die Menschen hassen und aus
ihrer Gemeinschaft ausschließen, wenn sie euch be-
schimpfen und euch in Verruf bringen um des Men-
schensohnes willen.
Freut euch und jauchzt an jenem Tag; euer Lohn im Him-
mel wird groß sein. Denn ebenso haben es ihre Väter mit
den Propheten gemacht.
Aber weh euch, die ihr reich seid; denn ihr habt keinen
Trost mehr zu erwarten.
Weh euch, die ihr jetzt satt seid; denn ihr werdet hungern.
Weh euch, die ihr jetzt lacht; denn ihr werdet klagen und
weinen.
Weh euch, wenn euch alle Menschen loben; denn
ebenso haben es ihre Väter mit den falschen Propheten
gemacht. (LK 6,20-26, Einheitsübersetzung)

Vom Ehebruch - Joh. 8,3f

3 Da brachten die Schriftgelehrten und die Pharisäer eine Frau, die beim Ehebruch ertappt worden war. Sie stellten sie in die Mitte
4 und sagten zu ihm: Meister, diese Frau wurde beim Ehebruch auf frischer Tat ertappt.

Vom Ehebruch

Eine Frau wird beim Ehebruch ertappt und um ihre Verurteilung geht es. Es droht ihr die Steinigung – so sagt es das Gesetz.

Wir wissen wenig von der Frau – eigentlich nichts. Aber, was wir nicht wissen, scheint mir umso bedeutender.

Gerade die offenen Fragen sind es, die das Thema diktieren:

- Was ist mit Ihrem Ehemann? Spielt er überhaupt eine Rolle bei dem, was da geschah?
  Und - wenn ja - wie sieht seine Rolle aus?
  Und - wenn nein – warum ist das so?

- Hat die Frau in ihrer Ehe leiden müssen, weil sie geschlagen, gequält oder vielleicht vom eigenen Mann vergewaltigt wurde?

- Oder wurde sie verlassen, verstoßen oder gar zur Ehe gezwungen?
  Und kann eine Frau eine Ehe brechen, zu der sie gezwungen wurde?

- Hat sie überhaupt einen Mann?
  Wenn sie selbst unverheiratet war, hat sie dann eigentlich die Ehe gebrochen?
  Wer hat dann den Ehebruch begangen?

- Und wo ist eigentlich der Andere, der zum Ehebruch dazu gehört?
  Von wem ging die Initiative aus zu dem Ehebruch?
  Oder wollten es beide gleichermaßen, weil sie sich liebten?
  Wenn zwei Menschen sich lieben, kann es dann eine Sünde sein?

- Sie wurde beim Ehebruch ergriffen? Warum nur sie?
  Wenn sie alleine war, wie kann sie dann Ehebruch begehen? Und wenn sie zu zweit waren, wo ist dann der Andere und warum wird nur von ihr gesprochen?

- Nochmal: Sie wurde beim Ehebruch ergriffen! Wie kann das geschehen?
  Waren die Ankläger in ihrem Schlafzimmer?
  … und was machen sie da?

- Oder haben sie ihr - oder beiden - hinterherspioniert, sie überwacht und belauscht?

- Was sind das für Menschen, die anderen beim Sex nachspionieren?
  Und warum tun sie es?
  Was sind das für Menschen, die andere bei inniger Zärtlichkeit voll Liebe und Hingabe beobachten?

- Wissen wir, dass es so war oder spielte Eifersucht und Missgunst eine Rolle, abgewiesene Avancen oder verletzter Stolz des ehrenwerten Bürgers, des Anklägers?
  Welche Gründe kann es haben, wenn angesehene Bürger sich für das Sexualleben einer Frau interessieren?

- Oder war es ganz anders?
  Vielleicht war der Ehebruch ja ohne Vertrautheit, eher brutal und mit Gewalt.
  Wurde sie vielleicht vergewaltigt?

- Oder gibt es andere Gründe für das, was sie tat?

- Hat sie sich vielleicht selbst verkauft, um zu überleben oder anderes Leben zu erhalten?

- Und was ist mit dem Mann? Vor welchem Gericht steht er?
  Welchen Anteil hat er an der Sache?

- Wurde er angehört? Hatte er Möglichkeit, sich zu äußern und für sie zu sprechen?

- Und sie? Hatte sie die Gelegenheit, die Sache zu klären, zu erklären, sich schuldig zu bekennen oder die Dinge ins rechte Licht zu rücken?

- Und warum wird Jesus überhaupt gefragt? Geht es überhaupt um die Frau und den Ehebruch oder ist sie nur ein Bauernopfer?

- Wenn sie nur ein Mittel war, um eigene Ziele durchzusetzen, handelt es sich dann nicht um Rechtsmissbrauch?

- Werden so die Ankläger nicht zu Schuldigen? Und vor welches Gericht werden sie gestellt?

Es bleiben viele Fragen offen …

Zu viele Fragen, um sich zu bücken und den ersten Stein zu werfen …

Über die Kirche

Die schlechten Hirten - Ez 34,1-10

1 Das Wort des Herrn erging an mich:
2 Menschensohn, sprich als Prophet gegen die Hirten Is-
raels, sprich als Prophet und sag zu ihnen: So spricht
Gott, der Herr: Weh den Hirten Israels, die nur sich selbst
weiden. Müssen die Hirten nicht die Herde weiden?
3 Ihr trinkt die Milch, nehmt die Wolle für eure Kleidung
und schlachtet die fetten Tiere; aber die Herde führt ihr
nicht auf die Weide.
4 Die schwachen Tiere stärkt ihr nicht, die kranken heilt
ihr nicht, die verletzten verbindet ihr nicht, die ver-
scheuchten holt ihr nicht zurück, die verirrten sucht ihr
nicht und die starken misshandelt ihr.
5 Und weil sie keinen Hirten hatten, zerstreuten sich
meine Schafe und wurden eine Beute der wilden Tiere.
6 Meine Herde irrte auf allen Bergen und Höhen umher
und war über das ganze Land verstreut. Doch keiner
kümmerte sich um sie; niemand suchte sie.
7 Darum ihr Hirten, hört das Wort des Herrn:
8 So wahr ich lebe - Spruch Gottes, des Herrn: Weil meine
Herde geraubt wurde und weil meine Schafe eine Beute
der wilden Tiere wurden - denn sie hatten keinen Hirten -
und weil meine Hirten nicht nach meiner Herde fragten,
sondern nur sich selbst und nicht meine Herde weideten,
9 darum, ihr Hirten, hört das Wort des Herrn:
10 So spricht Gott, der Herr: Nun gehe ich gegen die Hir-
ten vor und fordere meine Schafe von ihnen zurück. Ich

setze sie ab, sie sollen nicht mehr die Hirten meiner Herde sein. Die Hirten sollen nicht länger nur sich selbst weiden: Ich reiße meine Schafe aus ihrem Rachen, sie sollen nicht länger ihr Fraß sein.

Die schlechten Hirten

Das Wort des Herrn erging an mich:
Menschensohn, sprich als Prophet gegen die Hirten Isra-
els, sprich als Prophet und sag zu ihnen: So spricht Gott,
der Herr: Weh den Hirten Israels, die nur sich selbst wei-
den. Müssen die Hirten nicht die Herde weiden?

Ihr schützt die Missetäter, die fremdes Eigentum unter-
schlagen und das Geld der Herde veruntreuen. Und anstatt sie ihrer gerechten Strafe zukommen zu lassen,
dem Gericht zu überliefern, verwahrt Ihr ihre Vergehen
in Euren Aktenschränken und bereitet ihnen ein unge-
störtes Leben an fernen Orten.

Ebenso verfahrt Ihr mit den Verführern der Unschuldi-
gen, mit den Männern, die das Vertrauen von Kindern
missbrauchen für ihre eigenen, kranken Bedürfnisse.
Ihr haltet Eure Hand über die Missetäter, anstatt meine
Kinder vor Schaden zu bewahren, wie es Eure Aufgabe
wäre. Und Ihr habt diese Taten mit Euren Strukturen sogar noch gefördert und herausgefordert.

Hier sind es Männer mit kranker Sexualität, woanders
sind es Männer und Frauen, die ihre eigene Unfähigkeit
und ihre Gewaltphantasien an Schutzbefohlenen ausle-
ben.
Sie prügeln die, die sie beschützen sollten und verletzen
Kinder, die der Hilfe bedürfen.

Schwangere weist Ihr ab, gebt Beistand nur derjenigen, die sich an Eure selbst gemachten Regeln halten. Die aber, die Eure Arbeit – ungefragt und ohne Murren – tun, verweist Ihr aus Eurem Haus, entzieht ihnen die nötigen Mittel, die sie bräuchten für den Beistand in der Not.

An denen, die in Beziehungen leiden, an einer zerbrochenen Ehe vielleicht selbst zu zerbrechen drohen oder die falsche Entscheidung erkennen, verfahrt Ihr nicht anders. Sobald sie von Neuem Liebe finden, verweigert Ihr ihnen den Platz an meinem Tisch, wo doch jeder willkommen ist – als hättet Ihr das zu entscheiden.

Es geht Euch alleine um Eure persönlichen Grundsätze, Ihr handelt um einer Richtschnur willen, die nur das Gesetz vor Augen hat und den Menschen, für den es doch geschaffen ist, aus dem Auge verliert; meine Kinder, die suchen und finden, werden aber an der Tür abgewiesen, meine Kinder, die ich liebe wie ein Vater, unabhängig ihrer Taten.

Ihr fragt nicht nach Schuld, Unschuld oder Absicht. Allein Eure selbst gesetzte Ideologie habt Ihr im Kopf. Aber damit nicht genug: Ihr verurteilt die Menschen, ihr Geld aber ist Euch willkommen. Warum nur wundert mich das nicht?

So verfahrt Ihr mit meinen Kindern.

Aber viele gibt es, die das tun, was doch eigentlich Aufgabe des Hirten wäre: sie verbinden und pflegen, hören und begleiten, schützen und stützen die Vergessenen der Gesellschaft.

Ja es gibt sie: Wir finden sie ganz unten im Dreck der Straßen und Bahnhöfe, Frauen und Männer der Heilsarmee und Bahnhofsmission, Streetworker und Sozialarbeiter, aber auch Berater von Süchtigen und Schwangeren, ja aller Menschen, die eigentlich Eurer Hilfe bedürften.
Und es sind viele, die Eure Arbeit tun.

Ihr habt mein Wort gehört – ich weiß es – Ihr hattet es ja auch als Euer persönliches Eigentum betrachtet und in Eure Geheimsprache übersetzt, deren nur wenige mächtig waren. Ja, gehört habt Ihr es wohl – verstanden aber habt Ihr nichts.

Ihr habt Systeme entwickelt und Theologien zuhauf. Ihr habt gedacht und geforscht und überprüft. Und endlich seid Ihr euch sicher – ja – Ihr wisst.
Und in Eurem Wissen und Forschen, Denken und Prüfen vergesst Ihr, dass dies doch Eure Kategorien sind, es sind Menschenkategorien. Sie sind ausreichend für Euch, nicht mehr. Glauben, Vertrauen, sich einlassen, wagen und Demut habt Ihr vergessen – und nicht nur das.

Vielleicht ist Euch, durch die Größe Eurer Häuser und die Höhe eurer Türme, ein wenig der Kontakt zum Boden verloren gegangen.

Wundert Euch nicht, wenn meine Schafe eine neue Herde bilden und Ihr nur noch Euch selbst weidet. Aber tut Ihr das nicht schon jetzt?

Tempelreinigung - Mt 21,12f

12 Jesus ging in den Tempel und trieb alle Händler und Käufer aus dem Tempel hinaus; er stieß die Tische der Geldwechsler und die Stände der Taubenhändler um 13 und sagte: In der Schrift steht: Mein Haus soll ein Haus des Gebetes sein. Ihr aber macht daraus eine Räuberhöhle.

Ich glaube nicht, dass Jesus sich an den Tischen störte. Es waren nicht die Tische, an denen er Anstoß nahm; es war das, was auf den Tischen lag, wofür die Tische dienten.

An den Geldwechslern nahm er Anstoß, über die Geschäfte regte er sich auf. Geldgeschäfte im Namen Gottes oder im Schutze des Hauses Gottes – das gehöre sich nicht. Das – so sagt Jesus (nein, wahrscheinlich hat er es geschrien) – erinnere ihn an eine Räuberhöhle.

Ich denke, Jesus meinte nicht nur die Geldwechsler im Tempel von Jerusalem vor knapp 2000 Jahren. Ich vermute, er meinte alle Geldwechsler vor allen Tempeln, zu allen Zeiten. Und auch die Geldwechsler, die im Schatten der Gotteshäuser (manchmal auch dunkle) Geschäfte machen. Oder in deren Namen ... Oder er meinte die zahllosen Händler, die mit schmutzigem Wasser und billigen Figuren vor den Orten der Gottesbegegnung erbärmliches Geld verdienen.

Es ist nicht einfach zu entscheiden, inwieweit dies auch für die Eintrittsgelder, Postkarten und Bildbände gilt, die wir heute in den Kirchen finden, in Kirchen, die eher Museen gleichen, als Orten der Gottesbegegnung und Geborgenheit. Aber ich kann mir gut vorstellen, dass er all das meinte – und wahrscheinlich noch einiges mehr. Und sicherlich meinte er auch die Anderen, die auf der anderen Seite der Tische stehen, die Geschäfte machen mit Händlern und Geldwechslern. Leute, die lieber Geld für ein Museum ausgeben, als an einem Ort der Ruhe sich selbst zu finden und womöglich zu erschrecken über das, was sie bei sich entdecken.

Und noch etwas:

Man hätte die Tische auch anders gebrauchen können. Man hätte Bedürftige daran versammeln können: Arme und Hungrige, Alte und Kranke. Dafür wären die Tische gut gewesen und auch der Ort wäre passend.
Hier – so dürfen wir phantasieren – hätte sich Jesus dazu gesetzt, hätte gesprochen und zugehört, gefragt und ge-antwortet.

Ich denke nicht, dass er diese Tische umgeworfen hätte.

Über die Nachfolge

Über die Nachfolge einmal anders - Jer 12,9-11

9 Ist mir mein Erbteil zur Höhle einer Hyäne geworden, dass Raubvögel es umlagern? Auf, sammelt euch, alle Tiere des Feldes, kommt zum Fraß!

10 Viele Hirten haben meinen Weinberg verwüstet, mein Feld zertreten, mein prächtiges Feld zur öden Wüste gemacht.

11 Man hat es in dürres Ödland verwandelt, verwüstet trauert es vor mir. Das ganze Land ist verödet, doch keiner nimmt sich das zu Herzen.

Über die Nachfolge einmal anders

„Wer hat eigentlich behauptet, es würde einfach werden?" Jesus ist ziemlich ungehalten. „Wer von Euch kam auf die grandiose Idee, mit einem Schluck Wasser über die Stirn wäre alles erledigt? Frei nach dem Motto: Quantität vor Qualität!" Jesus steht in Rom vor dem Kardinalskollegium, die Hände in die Hüften gestemmt und einem Blick wie damals, bei der Tempelreinigung.

„Nachfolge heißt überzeugt sein – und kann mir mal einer von Euch zeigen, wie das bei einem Baby geht?" Jesus redet sich in Rage. „Nachfolge ohne Überzeugung – könnt Ihr mir mal bitte erklären, wofür die Freunde gestorben sind? Habt Ihr wirklich gemeint, ich lasse mich ans Kreuz nageln, der Rest wird ein Sonntagsspaziergang für Muttersöhnchen?"

Jesus geht zwei Schritte auf Einen zu, der ganz vorne sitzt und zeigt mit ausgestreckter Hand auf dessen Kopf. „Und überhaupt – was sollen diese albernen Hüte auf Euren Köpfen? Zu meiner Zeit sind damit nur die rumgelaufen, die ich am meisten fürchtete! Meint Ihr wirklich, ein wenig Pomp und alles geht von selbst, dachtet Ihr wirklich, es ist so einfach?"

Einer meldet sich zu Wort: „Nein, Du siehst das falsch; Außenwirkung und Abgrenzung ist wichtig. Es gibt so viele Scharlatane und jeder meint heutzutage, predigen zu können …"

Jesus fixiert ihn, schaut ihn genau an. „Ja ich weiß! Ich war einer von ihnen oder habt Ihr das vergessen?"

Ein anderer wirft ein: „Nein, wir haben es nicht vergessen und wir kennen all Deine Worte, aber …"

Jesus unterbricht ihn unwirsch. „Aber was? Ihr dachtet, es sei nicht ernst gemeint? Doch, bitterernst, so ernst, dass ich und viele sich haben foltern lassen. Und mit den Worten meinte ich immer zuerst einmal uns selbst – angefangen bei mir!"

„Das heißt?", fragt einer aus der dritten Reihe.

„Das heißt Änderung, neue Wege, hin zum Nächsten, hin zu mir selbst." Sein Gesichtsausdruck verändert sich: Das zornige Gesicht weicht einem grimmigen Lächeln. „Ihr kennt doch meine Worte: Wo und bei wem war es doch gleich, wo ich gepredigt habe?" Jesus wirkt jetzt fast zynisch, „ihr kennt doch all meine Reden und wohl auch meine Gedanken – sagt Ihr es mir, wo Eure Aufgabe liegt …! Ist es nicht einer von Euch, der meinen Geist für sich beansprucht …? Fragt ihn …er sollte es wissen …"

Der Papst wacht verschwitzt nach der unruhigen Nacht auf! „Gott sei Dank, alles nur ein böser Traum …", wusch sich und ging frühstücken.

Nicht Frieden, sondern das Schwert - Mt 10, 34-36

34 Denkt nicht, ich sei gekommen, um Frieden auf die Erde zu bringen. Ich bin nicht gekommen, um Frieden zu bringen, sondern das Schwert.
35 Denn ich bin gekommen, um den Sohn mit seinem Vater zu entzweien und die Tochter mit ihrer Mutter und die Schwiegertochter mit ihrer Schwiegermutter;
36 und die Hausgenossen eines Menschen werden seine Feinde sein.

Nicht Frieden, sondern das Schwert

Auf dem Petersplatz hat sich, wie jeden Tag, eine Menschenmenge versammelt.
Fast wie jeden Tag.

Denn in einer Ecke steht Einer. Er hat sich auf eine Kiste gestellt, damit er besser zu hören ist.
„Glaubt nicht, er sei gekommen, um Frieden zu bringen. Er kam nicht, um Frieden zu bringen, sondern das Schwert."
Die wenigen Zuhörer rücken näher, hören. Andere werden aufmerksam – stoßen dazu. Um den Redner wird es immer stiller, auf dem restlichen Platz breitet sich Unruhe aus.
„Er kam, um die Menschen zu entzweien!" Der Redner wird jetzt lauter, energischer; er steigert sich in einen regelrechten Zorn hinein.
„Farbe sollt ihr bekennen – das ist es, was er will - bekennen, auch wenn andere das anders sehen …"
Er schreit, wird energischer. Die Unruhe der Außenstehenden wird größer, die Aufmerksamkeit der Nächststehenden höher.
„Wenn Ihr etwas als richtig erkannt habt, sollt Ihr dazu geradestehen, notfalls den Kopf hinhalten, aber wundert Euch nicht, wenn Vater oder Mutter, Lehrer oder Pfarrer, Euch widersprechen … Darum ist er gekommen, damit genau das in die Welt kommt: Widerspruchsgeist

und Bekennermut, die es braucht, um etwas zu vertreten, was als richtig erkannt wurde – auch wenn es unbequem ist – auch wenn es weh tut – auch wenn es schwierig ist und manchmal verdammt schmerzt …

Um Veränderung in festgefahrene Gleise zu bringen – darum geht es, deshalb ist er gekommen. Sucht neue Wege für Euch, um das, was Ihr erkannt habt, auch zu bekennen. Seid mutig, seid ganz … "

Die Leute stoßen sich an, flüstern, schütteln die Köpfe. Einer, er steht ziemlich vorne, ruft dazwischen: „Keine Kompromisse, keine Rücksichten …? Das kann doch nicht gehen!" In seiner Stimme ist zugleich Ratlosigkeit und Verunsicherung zu hören.

„Doch, alle Kompromisse im Weg – wenn sie dem Ziel dienen und jede Rücksicht im Weg, wenn es Dein Weg ist. Aber radikal und kompromisslos im Ziel. Sein Ziel ist indiskutabel, es ist nicht verhandelbar …"

„Wer ist ER …?", ruft ein anderer; drei oder vier nicken, auch sie fragen sich das.

„Es ist der, dem ich nachfolge, in dessen Namen das alles hier erbaut wurde und in dessen Namen viele von Euch hier stehen."

In manchen Gesichtern steht Ratlosigkeit und manchmal ist so ein leichtes Verstehen zu erkennen, wie, wenn man etwas erkennt, ohne genau zu wissen, wie es einzuordnen ist.

„Wenn Euch der Friede mehr wert ist als die Wahrheit, ist er nichts mehr wert. Wenn Harmonie und Geruhsamkeit mehr bedeuten als Erkenntnis: Fort mit ihnen!"

Die letzten Worte schreit er, laut und erregt.

Indessen kommt von der Seite Bewegung auf den Platz. Uniformierte stellen sich auf, warten ab, beobachten. Die Zuhörer blicken ängstlich um sich, vom Redner zu den Uniformierten, wissen nicht, was wohl kommen wird. Manche ziehen sich zurück, mischen sich unter die Menge des weitläufigen Platzes.

Am Himmel ereignet sich zwischenzeitlich ein anderes Schauspiel: Gewitterwolken sind aufgezogen. Ein Blitz, Donnergrollen und ein furchtbarer Sturzregen folgen. Die Menge zerstreut sich – und mit ihnen der Redner. Auch die Uniformierten verschwinden wieder.

Es ist alles wieder in Ordnung, in allerbester Ordnung. Denn es ist Ruhe eingekehrt.

Über die Nachfolge - LK 9,57-62

57 Als sie auf ihrem Weg weiterzogen, redete ein Mann Jesus an und sagte: Ich will dir folgen, wohin du auch gehst.

58 Jesus antwortete ihm: Die Füchse haben ihre Höhlen und die Vögel ihre Nester; der Menschensohn aber hat keinen Ort, wo er sein Haupt hinlegen kann.

59 Zu einem anderen sagte er: Folge mir nach! Der erwiderte: Lass mich zuerst heimgehen und meinen Vater begraben.

60 Jesus sagte zu ihm: Lass die Toten ihre Toten begraben; du aber geh und verkünde das Reich Gottes!

61 Wieder ein anderer sagte: Ich will dir nachfolgen, Herr. Zuvor aber lass mich von meiner Familie Abschied nehmen.

62 Jesus erwiderte ihm: Keiner, der die Hand an den Pflug gelegt hat und nochmals zurückblickt, taugt für das Reich Gottes.

Über die Nachfolge

Wenn mir Jesus heute begegnen würde, würde ich wohl auch Ausreden suchen!

Ich glaube nicht, dass ich bereit bin, mit ihm zu Mördern, kalkulierenden Betrügern, ins Rotlichtmilieu oder zu organisiertem Verbrechen zu gehen, um zu predigen.

Ich befürchte, ich halte es mit den Schriftgelehrten: Ich schreibe schöne Texte und halte kluge Reden. Ich befürchte, wenn es ernst wird, habe ich auch Ausreden parat.

Ich weiß, das ist falsch - aber es ist das Wenige, das ich mir zutraue – und das ist meine ganze Hoffnung.

Über den Menschen

An seiner Ruhelosigkeit werdet ihr ihn erkennen - Gen 4,1–16[2]

---

[2] **Hinweis des Autors**
Bei der Betrachtung des Brudermordes an Abel durch Kain
wurde ich mit der Themenvielfalt der Stelle konfrontiert. Es
geht nicht einfach ausschließlich um den Mord mit anschlie-
ßender Verbannung, es geht um viel mehr.
Um mich in dieser Vielschichtigkeit zurechtzufinden, betrach-
tete ich jeden Vers einzeln – und entschloss mich schlussend-
lich, es dabei bewenden zu lassen.

1 Der Mensch erkannte Eva, seine Frau; sie wurde schwanger und gebar Kain. Da sagte sie: Ich habe einen Mann vom HERRN erworben.
2 Sie gebar ein zweites Mal, nämlich Abel, seinen Bruder. Abel wurde Schafhirt und Kain Ackerbauer.

Wie ich heiße, ist eigentlich egal – ich könnte jeder sein und auch meine Eltern sind eigentlich austauschbar. Verstehen Sie mich nicht falsch; was ich sagen möchte, ist, dass wir als Familie nichts Besonderes sind. Solche wie uns gibt es viele: Vater, Mutter, zwei Kinder; Schule, Ausbildung, Beruf.
Aber nennen Sie uns ruhig Kain und Abel, das macht das Erzählen leichter.

Mein Bruder Abel wollte Künstler werden, eigentlich schon immer; ständig war er mit Block und Bleistift - später mit seiner Zeichenmappe – unterwegs, um mit schnellen Strichen zu skizzieren: Menschen, Natur, auch Gegenstände – einfach alles. Irgendwie bewunderte ich ihn, auch die Fortschritte, die er machte – aber letztlich eine brotlose Kunst.

Was aus ihm geworden ist, weiß ich, ehrlich gesagt, nicht – wir haben irgendwann den Kontakt verloren.

Tatsächlich hab' ich nie richtig verstanden, wie man wie er, so ziel- und planlos durchs Leben stolpern kann – nur in der Gegenwart verhaftet - als gäb's kein Morgen.

3 Nach einiger Zeit brachte Kain dem HERRN eine Gabe von den Früchten des Erdbodens dar;
4 auch Abel brachte eine dar von den Erstlingen seiner Herde und von ihrem Fett. Der HERR schaute auf Abel und seine Gabe,
5 aber auf Kain und seine Gabe schaute er nicht.

Wie gesagt, den Kontakt haben wir inzwischen verloren.

Eigentlich schade, aber unser Blick auf die Welt unterschied sich so grundsätzlich, dass es wohl so kommen musste: Er, nur im Augenblick lebend und mit Wenigem zufrieden – für mich stand immer das Nächste im Vordergrund, wie's weitergeht und welche Aufgaben zu bewältigen, welche Herausforderungen zu meistern sind.

Da überlief es Kain ganz heiß und sein Blick senkte sich.
6 Der HERR sprach zu Kain: Warum überläuft es dich heiß
und warum senkt sich dein Blick?
7 Ist es nicht so: Wenn du gut handelst, darfst du aufbli-
cken; wenn du nicht gut handelst, lauert an der Tür die
Sünde. Sie hat Verlangen nach dir, doch du sollst über sie
herrschen.

Schließlich gingen unsere Wege immer weiter auseinander. Wir hatten unterschiedliche Cliquen und gingen auch auf verschiedene Schulen.

Für mich war's gut, denn oftmals war er doch mehr als ein Klotz am Bein, der am Leben vorbeischrammte …

… und ich hatte auch keine Lust mehr, ewig zu hören, wie es – oder ich – besser wäre, wie man dies und das besser machen könne – und vor allem, was richtig und was falsch sei.

Ich glaube, schon damals war das Kapitel „Familie" für mich irgendwie abgeschlossen.

8 Da redete Kain mit Abel, seinem Bruder. Als sie auf dem Feld waren, erhob sich Kain gegen Abel, seinen Bruder, und tötete ihn.

Perspektivwechsel

Nein, er erschlägt ihn nicht – oder nicht wirklich. Er vergisst ihn einfach oder – was vielleicht noch schlimmer ist – lässt ihn zurück, macht ihn unwirksam, einfach, indem er ihm jede Wirkung verweigert und er den Teil seines Bruders – an sich und in seiner Familie – einfach ignoriert.

Aber was tatsächlich geschieht, weiß keiner genau – oder vielleicht weiß man es doch … Aber zwischen Wissen und Erkennen besteht ein Unterschied, und wir müssen uns damit abfinden, dass Kain irgendwann, irgendwie und irgendwo, seinen Bruder – oder einen Teil von sich selbst – verliert – ihm verloren geht.

Mundtot gemacht, bleibt Abel schließlich zurück – oder zieht sich zurück …

9 Da sprach der HERR zu Kain: Wo ist Abel, dein Bruder? Er entgegnete: Ich weiß es nicht. Bin ich der Hüter meines Bruders?

10 Der HERR sprach: Was hast du getan? Das Blut deines Bruders erhebt seine Stimme und schreit zu mir vom Erdboden.

Kain will ja gut sein, immer gut, besonders gut – oder vielleicht nur besonders … so genau weiß das keiner – aber auf keinen Fall Mittelmaß. Das Ganze ist sein Ziel, auf's Ganze gehen seine Strategie – das Ganze – oder doch möglichst viel davon – und auf keinen Fall geschenkt.
Und er würde es ihnen, den Anderen und dem Anderen, noch zeigen …

Also macht er sich auf, die Welt zu erobern und sie besser zu machen oder doch auf jeden Fall seinen Stempel aufzudrücken. Alleine – ganz alleine – aber fürs erste zufrieden.

Seinen Blick weit nach vorne gerichtet, hört er nicht die Fragen nach seinem Bruder, auch nicht seine eigenen Fragen – er hört gar nichts mehr und sieht nur das Wenige, das vor ihm liegt; er ist wohl zu sehr beschäftigt damit, weiterzustürmen, zu neuen Zielen, mit neuen Plänen …

11 So bist du jetzt verflucht, verbannt vom Erdboden, der seinen Mund aufgesperrt hat, um aus deiner Hand das Blut deines Bruders aufzunehmen.

... Aufgaben zu erledigen, die keiner stellt, Dinge herauszufinden, die keinen interessieren, um vorbereitet zu sein auf Situationen, die vielleicht nie eintreten werden, alle Eventualitäten im Blick, immer gewappnet und auf der Hut – vor allem vor der eigenen Schwäche ...

... und immer einen Schritt voraus oder neben sich und manchmal zurückbleibend, darüber nachsinnend, was hätte anders sein können, wie er, wo und wann, hätte anders handeln müssen oder können (und manchmal auch alles zugleich).

12 Wenn du den Erdboden bearbeitest, wird er dir keinen Ertrag mehr bringen. Rastlos und ruhelos wirst du auf der Erde sein.

Es genügt ihm nicht eine Lösung, eine Möglichkeit, einen Weg zu sehen; es braucht zumindest zusätzlich eine Alternative – oder besser noch zwei – und 99-prozentig ist eindeutig zu wenig, auch perfekt reicht nicht, wenn es noch besser geht. Und es muss noch mehr sein, muss noch besser werden.

13 Kain antwortete dem HERRN: Zu groß ist meine Schuld, als dass ich sie tragen könnte.

14 Siehe, du hast mich heute vom Erdboden vertrieben und ich muss mich vor deinem Angesicht verbergen; rastlos und ruhelos werde ich auf der Erde sein und jeder, der mich findet, wird mich töten.

Manchmal, in Momenten der Schwäche und der Müdig-
keit, spürt er, es fehlt ihm etwas – sein Bruder, dessen
Ruhe, irgendetwas – er spürt es, aber Kain wäre nicht
Kain, würde er sich nicht sofort daran machen, das Feh-
lende zu suchen, um es zu erlangen, mit aller Kraft, so
gut es ihm gelingt – oder eben noch besser …
… denn es muss doch noch besser gehen.

15 Der HERR aber sprach zu ihm: Darum soll jeder, der Kain tötet, siebenfacher Rache verfallen. Darauf machte der HERR dem Kain ein Zeichen, damit ihn keiner erschlage, der ihn finde.

Er ist der Schaffer, der Umtriebige, immer bemüht, immer das Optimale ihm Sinn. So kennt man ihn.

Schafft er es nicht oder durchkreuzt etwas seine Pläne, rumort es in seinem Inneren: Wut, Trauer oder Angst steigen in ihm hoch, auch Hoffnungslosigkeit – was genau, weiß er nicht, kann es nicht greifen – und fühlt sich als Versager – beginnt zu zweifeln an sich und seiner Existenz, die er beständig erkämpfen muss.

Er hat die Idee, wenn er alles richtig mache, würde auch alles richtig werden. Und er gibt sich Mühe und es wird immer schlimmer – und je mehr Mühe er sich gibt – umso schlimmer wird es – bis er es nicht mehr aushält vor Schmerz und Selbstzweifel.

Es ist der Wunsch, zu gefallen, der ihn knechtet, der Wunsch, gut zu sein vor sich … und vor allem vor anderen.

Zum Glück gibt es Freunde, die ihm beistehen in solch schwierigen Stunden und immer steht ein Helfer parat – denn auch da hat er Vorsorge getroffen.

Aber diese Momente verabscheut er am meisten, hasst sie regelrecht; denn jetzt ist er nicht mehr der Macher, der große Planer, der alles (und jeden) im Griff hat - oder es zumindest versucht. Er ist auf einmal Empfangender, ausgeliefert und angewiesen auf andere - Pläne und Strategien, alles, was seinem Leben Sinn gibt, wird bedeutungslos und jeder sieht ihn in seiner Not.

16 So zog Kain fort, weg vom HERRN und ließ sich im Land Nod nieder, östlich von Eden.

Und wovor er sich am meisten fürchtet, ist die Leere. Er spürt sie, wenn es nichts mehr zum Festhalten gibt, kein Ziel, kein Plan, keine Aufgabe und gleichzeitig überkommt in die Unruhe, die er so verabscheut, die zu vertreiben er doch Wege entwickelt hatte.

Trotzdem geschieht es zuweilen, dass sein Netz aus Strategie und Plänen nicht hält, dass er durch die Maschen rutscht und in's Bodenlose zu stürzen droht, dann …

… endlich sehnt er sich nach seinem verlorenen Bruder.

Sei ganz - Gen 17,1

Ich bin der Gewaltige Gott.
Geh einher vor meinem Antlitz! sei ganz! [3] [4]

---

[3] nach Buber/Rosenzweig 1992. Die Schrift: Verdeutscht von Martin Buber gemeinsam mit Franz Rosenzweig. Stuttgart: Deutsche Bibelgesellschaft.
[4] Zu diesem kurzen Zitat biete ich Ihnen zwei verschiedene Texte an, die sich auf unterschiedliche Weise dem Thema nähern.

Sei ganz

Sei ganz,
mit Leib und Seele,
mit Herz und Verstand,
im Lachen und im Weinen,
mit Kopf und Bauch,
mit Hand und Fuß.

Sei ganz in deiner Trauer, wenn die Tränen dich zu überschwemmen drohen – denn auch das bist du.

Sei ganz in deiner Wut, wenn der Zorn dir die Seele zerreißt und du im Angesicht der Ungerechtigkeit dich Selbst verlierst – es bist du selbst, was du spürst.

Sei ganz, wenn du hilflos bist, schutzlos, jeder Gefahr ausgeliefert – sag gerade da Ja zu dir, denn dann hast du es am Nötigsten.

Sei ganz in deiner Liebe und deinem Hass – denn schlimmer als alles, ist Gleichgültigkeit dir selbst gegenüber.

Sei ganz in deiner Unvollkommenheit und deinen Fehlern – denn du bist Mensch.
Sei ganz und denk daran, auch Fehler gehören zu dir.

Sei ganz, wenn dir der Kopf schwirrt, weil das Richtige falsch und das Falsche richtig ist und du denkst, das darf so nicht sein – denn bei Gott ist nichts unmöglich.

Sei ganz, wenn du nicht aus noch ein weißt und du keinen Ausweg siehst – handle auch dann noch so, dass du dir selbst glaubst.

Sei ganz, wenn du alles auf einmal schaffen willst – gerade dann gestehe dir deine Schwäche zu.

Sei ganz, wenn du denkst, dich kann nur noch ein Wunder retten – dann hör auf die Schritte hinter dir.

Sei ganz, wenn du das verlockende Falsche siehst und sei ganz, wenn du es tust – sei ganz Mensch in deiner Unvollkommenheit.

Sei ganz, denn Jahwe geht hinter dir. Da, wo du bist, ist auch er.

Sei ganz, wenn du den Hunger nach Zuwendung und die Gier nach Bestätigung spürst – dann hüte dich vor der Flucht, die nur ins Nichts führt.

Sei ganz, wenn du am liebsten ein Anderer sein möchtest – denn wenn du dich jetzt verlierst, kann dich nur noch ein Wunder retten.

Sei ganz, wenn andere zum Maßstab deines Lebens werden – sag dann ja zu dir selbst und verleugne dich nicht.

Sei ganz in der Einsamkeit der Sünde, wenn Schuld und Scham deine Gedanken verdunkeln – Gott nimmt dich an, auch wenn dein Blick längst gesenkt ist; denn ist es nicht er, in dessen Schatten du wandelst?

Frage nicht, was du willst und was du brauchst, sondern, was du bist und was du hast – sei ganz!

Sei ganz, habe den Mut dazu, die Kraft und die Ausdauer – denn du bist wertvoll, so, wie du bist.

Ein Gebet

Ich gehe im Lichte deines Angesichts,
doch sehe ich nichts als Dunkelheit auf meinem Weg.
Mein eigner Schatten trübt meinen Blick
weckt Bedrängnis tief in mir.
Und wenn ich Finsternis beklage,
so ist es mein Schatten,
von dem sie rührt.

So bleibt nichts als der Glaube,
dass der Boden trägt
und Vertrauen in den Tag,
der vor mir liegt.

Der Größte - Mk 9,33-37[5]

33 Sie kamen nach Kafarnaum. Als er dann im Haus war, fragte er sie: Worüber habt ihr unterwegs gesprochen?
34 Sie schwiegen, denn sie hatten unterwegs miteinander darüber gesprochen, wer (von ihnen) der Größte sei.
35 Da setzte er sich, rief die Zwölf und sagte zu ihnen: Wer der Erste sein will, soll der Letzte von allen und der Diener aller sein.
36 Und er stellte ein Kind in ihre Mitte, nahm es in seine Arme und sagte zu ihnen:
37 Wer ein solches Kind um meinetwillen aufnimmt, der nimmt mich auf; wer aber mich aufnimmt, der nimmt nicht nur mich auf, sondern den, der mich gesandt hat.

---

[5] Zu diesem kurzen Zitat biete ich Ihnen zwei verschiedene Texte an, die sich auf unterschiedliche Weise dem Thema nähern.

Der Größte (1)

Sie kamen nach Kafarnaum und sie schämten sich ein
wenig:
Er fragte sie nämlich, worüber sie wohl debattiert hatten
auf dem Weg – und sie wussten, dass er wusste ...

Sie hatten gestritten; darüber gestritten, wer wohl der
Größte von ihnen sei.
Er aber sprach zu ihnen, wie er es oft tat, sprach zu
ihnen, als wäre es etwas Alltägliches, als wäre alles in
Ordnung so, wie es war.
Und mit seinem Sprechen nahm er ihnen die Scham über
ihren Ehrgeiz und ihr Wetteifern und ihren Wunsch, den
Anderen zu übertreffen.
Er zeigte, es ist nicht nötig, der Größte zu sein und er
nahm sie an in seinem Sprechen; er nahm sie an, so wie
sie sind: mit all dem Ehrgeiz, dem Wetteifern und dem
Wunsch, andere zu übertrumpfen.

Und er zeigte ihnen, wie es anders gehen könne.

Als sie sich abends schlafen legten, wich das Gefühl der
Angst vor der Zurechtweisung und schuf Raum für etwas
anderes: das Gefühl, angenommen zu werden und zwar
angenommen als ganzer Mensch, mit all den Facetten,
die das Leben bereithält:
Durch seine bedingungslose Annahme schuf er sich Ge-
hör und erreichte den Menschen in seiner kleinen Welt,
die sich nur um sich selbst dreht. Er schuf Platz für die
Erkenntnis: dass es mehr gibt, als der Größte zu sein. Er

schuf Platz für das bedingungslose „Ja" eines Vaters für seine Kinder. Er schuf Platz für die Liebe, die Menschen so nötig haben.

Und das war es, was sich langsam in ihren Herzen ausbreitete.

Der Größte (2)

Sie sitzen zusammen.
Mit ruhigen Worten,
mit klaren, einfachen Bildern
erklärt er, wo sie falsch liegen
- sie, die es eigentlich besser wissen müssten,
- die sie doch seine engsten Freunde sind,
- die seine Botschaft wie kaum jemand kennen.

Er erklärt,
dass es nicht darauf ankommt,
der Größte zu sein;
er erklärt,
dass es Wichtigeres gibt
als der Größte,
der Beste,
der Erfolgreichste zu sein;
er erklärt,
worauf es wirklich ankommt.

Diese Worte machen Hoffnung!

Aber Hoffnung
macht noch etwas anderes:
sie, die ihn doch kannten wie kein anderer,
gerade sie
tappen in die Falle des Ehrgeizes,
der Selbstüberschätzung,
geraten in den Strudel des Besser, Höher, Weiter.

Und gerade denen sagt er,
in ruhigen Worten,
was im Leben wichtig ist,
als wäre es völlig normal.

Und das macht Hoffnung:
er sagt,
es ist das Natürlichste der Welt,
Fehler zu machen,
in die Falle zu tappen,
in den Strudel zu geraten.
Dass es menschlich ist,
dass es sein darf.
Er sagt,
es macht nichts;
Menschen machen Fehler
Und Menschen lernen.
Und darauf kommt es an;
Alleine das ist wesentlich.

Das Kamel und das Nadelöhr – Lk 18,25

Denn leichter geht ein Kamel durch ein Nadelöhr, als dass ein Reicher in das Reich Gottes gelangt.

Eine rätselhafte Geschichte: Zwölf Antworten und eine Stichwortsammlung

Vorbemerkung

Das Bibelwort vom Nadelöhr und dem Kamel ist nicht nur rätselhaft, sondern im Grunde ein Skandal. Werden doch dadurch nicht nur Besitzende pauschal verurteilt, sondern auch die Alternative (ein Kamel durch ein Nadelöhr) ist, realistisch betrachtet, schlicht unmöglich. Trotzdem spüren wir, dass hinter dem Gedanken mehr steckt – viel mehr.

Die Stelle mit dem Kamel lässt tatsächlich keine Interpretation zu, nichts kann ihr die Schärfe nehmen. Hinzu kommt, dass sie unserer (oder zu mindestens meiner) Logik widerspricht. Gerade für uns Europäer ist dies fatal und ohne jegliche Hoffnung.

Nein, eine Lösung habe ich nicht. Deshalb versuche ich - ausgehend von unterschiedlichen möglichen Standpunkten – eine Annäherung an das Thema, um etwas Licht in dem Wort zu entdecken.
Im Anschluss finden sich noch ein paar methodische Impulse (S. 143).

Der Pfarrer

Ich bin Priester hier in der Gemeinde. Obwohl ich in meinem Beruf kein Neuling bin, hat mir diese seltsame Bibelstelle schon immer Probleme bereitet und über einzelne Gedankenfetzen bin ich, ehrlich gesagt, nie hinausgekommen.

Bei „Kamel" fallen mir Lasten ein: das Kamel wurde von Nomaden traditionell als Lasttier benutzt. Und um durchs Stadttor zu kommen, musste sicher einiges abgenommen werden. Hier könnte es interessant sein, einmal hinzuschauen, welchen Ballast wir mit uns herumschleppen ...
Mir kommt da aber noch ein weiterer Gedanke – allerdings weiß ich nicht, wo er hinführt: Die Tiere sind ja auch sowas wie die Lebensversicherung des Nomaden. Ohne seine Tiere – und hier sind in erster Linie wohl Kamele zu nennen – ist er verloren.

Aber ich befürchte, beide Gedanken führen in eine Sackgasse.

Solange wir mit unserer Suche beim Kamel ansetzen, sind wir wohl auf dem falschen Dampfer, denn das Kamel hat ja eine Chance (auf jeden Fall eine größere als der Reiche): Eher kommt das Kamel durchs Nadelöhr, als ein Reicher ins Himmelreich – so lauten ja die Worte. Nicht ums Kamel geht's, sondern um den anderen, den Reichen, dem die Tür verwehrt wird.

Er ist es, um den es geht – alles andere ist verzweifelte Suche nach einer Hintertür, befürchte ich, der Versuch, einen Weg zu finden - für den Reichen und letztlich für (viele von) uns.
Das ist eindeutig, da ist kein Platz für eine Hintertür – und das tut weh.

Denn wir wollen ja das Eine (das Himmelreich), ohne das andere aufzugeben (unseren Wohlstand, unsere Bequemlichkeit). Und im Grunde spüren wir es genau: Wir sind gemeint – oder, um es genauer zu sagen: Ich.

Eher ein Kamel durchs Nadelöhr, als ein Reicher ins Himmelreich!
Vor Gott sind alle gleich - reich und arm – und nichts kann ich mitnehmen. Kein Konto, kein Ansehen – nichts – nicht einmal meinen geliebten Beruf.

Vielleicht geht es darum, was wir zurücklassen – Gutes wie Schlechtes … Ändern kann ich jetzt, aber auf Vorrat Handeln geht wohl nicht.

Und dann die Fragen: Was bleibt von mir? Was lasse ich zurück? Was ist es, was von mir bleibt, wenn ich nicht mehr bin?
Wenn ich nichts mitnehmen kann, sind meine Hinterlassenschaften das Einzige, was sich irgendwie auswirken kann, was evtl. noch von Bedeutung sein könnte. Wie kann also mein Handeln wirksam werden …

Ich denke, das könnte eine zentrale Frage sein.

Mitnehmen kann ich nur mich selbst, so wie ich bin – mit allen meinen Seiten und Facetten.
Das – und meine Hinterlassenschaften – ist wohl, was zählt.

Der Hoffnungslose

Ich dachte immer, die Religion solle Hoffnung schenken?! Aber ganz ehrlich: Dieser Satz lässt mich hilflos zurück!

Ich habe etwas geerbt und eine Arbeit, in der ich ordentlich verdiene – ich zähle also vermutlich zu den Wohlhabenderen im Lande; aber auch, wenn ich alles bis zum Sozialhilfeniveau verschenke, gehöre ich zu den zehn Prozent Reichen weltweit, und das Himmelreich ist so weit entfernt wie nie zuvor!
Wo bleibt da die Zuversicht, die die Bibel verspricht?

Der Zoobesucher

Sie fragen mich nach dem Kamel und dem Nadelöhr ... ja die Geschichte kenn' ich und es ist witzig: Erst kürzlich war ich mit meinen Enkeln im Zoo und dort faszinierten uns die Kamele besonders.
Wir haben sie lange betrachtet und uns zusammen das Leben der Tiere vorgestellt, wie und wo sie lebten (oder ihre Vorfahren – so genau haben wir das nicht genommen), die Menschen und die Wüste und so.

Ich muss vorausschicken, dass ich kein Fachmann bin und die Kinder wohl auch nicht – und so haben wir uns eher in der Fantasie etwas zusammengesponnen. Aber es war lustig und auch spannend, sich das Leben vor 200 oder vor 1000 oder vielleicht vor 2000 Jahren (wie in diesem Fall) vorzustellen.

Für die Kinder war es das erste Mal, dass sie die großen und mächtigen Tiere aus einer solchen Nähe betrachten konnten. Tatsächlich verweilten wir uns dort so lange, dass manche andere Attraktion des Tiergartens auf einen anderen Tag verschoben wurde.

Wir waren uns einig: Eigentlich sind sie hässlich, aber auch stolz oder arrogant – da waren wir uns nicht einig; wir hatten das Gefühl, dass sie uns überhaupt nicht wahrnehmen, sie sich nicht interessieren für das, was um sie herum passiert; es sieht gerade so aus, als gäbe es nur das, was sie im Augenblick tun, eben fressen oder trinken oder von einem Pfleger versorgt werden. Und auch dann hatten wir das Gefühl, dass das Kamel, alles was mit ihm geschieht, beinahe hoheitlich geschehen lässt, als sei es eigentlich darauf nicht angewiesen.

In der Wüste gibt's ja auch keinen Pfleger, der ausmistet oder eine Wunde versorgt – stellten wir fest. Dort sind sie auf sich alleine gestellt; allerdings konnte keiner von uns sich ein wildlebendes Kamel vorstellen; für uns waren es immer Tiere, die mit Menschen unterwegs waren, von ihnen versorgt wurden und für sie Lasten transportierten.

Und an dieser Stelle fingen wir auch mit unserer Fantasiereise an. Drei Tiere hatten es uns besonders angetan. Eines davon ist der Chef, das Leittier – so stellten wir uns vor. Es führt die Karawane an, geht als erstes und bestimmt das Tempo, so, dass alle mithalten können. Die anderen (in unserer Geschichte waren es viel mehr als drei) reihen sich ein und passen sich dem Tempo an. Sie folgen ihrer Aufgabe, als würden sie einen höheren Sinn erkennen, ohne nach gestern und morgen zu fragen. Auf dem Weg durch die Wüste (wir stellten erstaunt fest, wie viele unterschiedliche Arten von Wüsten es gibt: Sandwüste, Geröllwüste, Eiswüste – und vieles dazwischen) sucht sich jedes Tier mit seinen breiten Hufen einen sicheren Halt. Es ist nicht nur Teil einer langen Kolonne, sondern trägt dazu alleine die Verantwortung für sich und für seine Lasten.

Die Tiere gehen ihren Weg durch die unbarmherzige und auch schöne Landschaft, vorbei an Gebirgszügen und über riesige Sanddünen; sie haben das Ziel vor Augen, das sie nicht sehen, aber sie riechen das Wasser des

Wasserlochs oder spüren irgendwie die Betriebsamkeit der fernen Oase oder Karawanserei. Der Weg ist lange, aber klaglos verrichten sie ihren Dienst; sie nehmen das Wasser und das Futter, das sie erhalten, dankbar an, auch wenn es nur wenig ist, weil die Reise unberechenbare Zwischenfälle mit sich bringt.
Es sind verlässliche Tere, die Sicherheit für alle bedeuten, in ihrer Genügsamkeit und der Ruhe, die sie verbreiten. Die Gruppe würde in der Hitze wohl kaum überleben, geschweige denn auch noch Waren transportieren können.

Dann – nach Tagen und Wochen wittern sie die Oase mit der Stadt, die ihr Ziel ist. Sie wissen, dass dort ein Stall wartet, die Befreiung von Ihren Lasten, gutes Futter, Wasser, Ruhe und ein Lager zum Niederlassen.
Vor dem Tor stehen sie, warten geduldig auf Einlass – auch wenn sie damit die Weite, die Ruhe und auch die Freiheit der Wüste hinter sich lassen müssen. Die Lasten und wertvollen Waren werden abgenommen und eines nach dem anderen kann nun durch den engen Durchlass in den Stall.

Die Kinder fragten, ob es nicht vielleicht schöner wäre, wenn die Tiere auf eine grüne saftige Weide dürften …
Also haben wir noch eine zweite Tür im Stall dazu fantasiert, eine Tür, die auf eine grüne Wiese mit bunten Blumen, saftigen Gräsern und einem kleinen Teich führt. Gemeinsam stellten wir fest, dass die Tiere sich das wohl verdient hätten.

Ja, das ist meine Geschichte zum Kamel mit dem Nadelöhr. Der reiche Kaufmann – der Besitzer der Waren – spielt in unsrer Geschichte keine Rolle. Ich glaube, er war gar nicht dabei – und wenn doch, war er vermutlich damit beschäftigt neue Geschäfte zu machen, neue Pläne für neue Reisen, bei denen er noch größeren Gewinn erzielen kann.

Nein, ich glaube, er wird den Weg durch die Stalltür nicht finden – er ist wohl zu beschäftigt.

Die Ordensfrau

Ich bin Nonne und Erzieherin und arbeite hier im Gemeindekindergarten.

Natürlich kenne ich die Stelle vom Kamel und dem Nadelöhr und da fällt mir eine weitere Bibelstelle ein: „Wenn ihr nicht werdet wie die Kinder, kommt ihr nicht ins Himmelreich." So oder so ähnlich heißt es in Markus 10,13.

Und das ist ja auch genau das Thema.

Hier werden unmittelbar (und ausschließlich) die Kinder angesprochen. Die Eltern werden gar nicht erwähnt und die Jünger beinahe zurechtgewiesen. Die Kinder können uns Vorbild sein – so höre ich da heraus (und sie werden ja auch gesegnet): „Werdet wie sie, sonst erreicht ihr nicht das Himmelreich."
Gleich anschließend fügt Markus den reichen Jüngling an (10,17), der eine Abfuhr erhält. Das sagt ja auch einiges aus und fügt sich im Grunde hervorragend ins Bild.

Hilft Ihnen das weiter? Genauer kann ich es im Augenblick nicht sagen; kommen Sie doch einfach mal einen Tag in den Kindergarten und schauen Sie den Kindern zu. Vielleicht wird's dann klarer.

Ein einfacher Mann

Die Ordensfrau erzählt weiter vom Klostergärtner:

Vielleicht kann Ihnen auch unser Gärtner weiterhelfen.
Wenn uns im Kloster wieder mal die Sorgen plagen und
wir nicht wissen, wie wir die vielfältigen Aufgaben bewältigen sollen – grinst er nur und zitiert eine andere Bibelstelle; ich kann sie inzwischen auswendig: „Seht auf
die Raben: Sie säen nicht und ernten nicht, sie haben
keinen Speicher und keine Scheune, denn Gott ernährt
sie." (Lk 12,24)

Unser Gärtner ist ein einfacher Mann, mit einem ganz ei-
genen Humor, aber trotzdem macht er sich Gedanken …
Ich kann mir vorstellen, dass er Ihnen eine Antwort ge-
ben könnte.
Vielleicht reden Sie mal mit ihm und fragen ihn nach der
Stelle mit dem Kamel.

Der Bettler

Ich heiße Fred. Früher war ich Lehrer, aber das ist lange her. Heute lebe ich auf der Straße – warum, das spielt jetzt keine Rolle mehr. Es ist lange her und ich hab dafür bezahlt.

Natürlich kenn ich den Satz vom Kamel und dem Nadelöhr und da fällt mir eine Geschichte ein. Ich hab sie mal vor einer Weile aufgeschrieben; natürlich hatte ich damals jemanden ganz Besonderen im Blick, aber auch das spielt weiter keine Rolle.

Es geht um einen alten Mann; es ist einer von uns, ein Penner, Bettler oder Landstreicher, wie man so sagt:

Es regnet und ist kalt. Der Herbst macht sich bemerkbar. Der alte Mann sucht unter einer Brücke Schutz vor dem sich ankündigenden Unwetter.

Zum Glück – denkt er – bin ich rechtzeitig gekommen! Verbissen verteidigt er seine geschützte Ecke; er ist auch der Einzige, der eine Decke hat. Die meisten anderen haben sich mehr oder weniger ungeschützt zusammengekauert.

Ob es ihm jetzt besser geht – er weiß es nicht:
Damals, vor vielen Jahren – er war ein erfolgreicher Geschäftsmann – begegnete er dem Prediger.
Er erinnert sich noch ziemlich genau: es ging ihm schlecht damals, Probleme mit dem Magen, ständige

Kopfschmerzen und Schlaf nur mit Schlafmitteln. „Burn-out" würde man heute sagen.

Es schüttelt ihn bei dem Gedanken! Vorsichtig nimmt er einen Schluck aus der Flasche; die anderen brauchen ja nicht sehen, dass er noch Wein hat.

Es ging ihm schlecht damals, so schlecht, dass er den Prediger um Hilfe bat.
Der Prediger hatte einen guten Ruf, einen Ruf als eindringlicher Redner, brillanter Heiler und sensibler Zuhörer …
„Lasse Dein altes Leben hinter dir; überwinde deine Gier nach Reichtum und Besitz … das ist die einzige Chance, dass du als Mensch überleben kannst. Eher kommt ein Kamel durch ein Nadelöhr, als ein Reicher ins Himmelreich …"
So, oder so ähnlich – die Worte klingen noch in seinem Ohr. Er kann sich noch gut erinnern, an den Prediger und dessen machtvolles Auftreten.

Vorsichtig, ohne einen Zipfel der Decke preiszugeben, schiebt er sich näher ans Feuer, das ein paar der Anderen angezündet haben. Es ist wertvoll, das Feuer, sie haben lange nach ein paar trockenen Prügeln suchen müssen.
Er grinst in sich hinein: Und genau deshalb war ich schneller und konnte mein trockenes Plätzchen behaupten.

Die anderen achten ihn, auch wenn er etwas anders tickt – aber hier hat jeder seine Macken …

Sie akzeptieren ihn, weil er einer von ihnen ist; und weil sie neidisch sind. Beim Betteln hat er mehr Erfolg, weil er es geschickter anstellt. Und wenn's ums Abstauben geht, weiß er intuitiv, wo und was sich am meisten lohnt.

Jetzt, wo alle am Feuer sitzen, packt er sein Brot aus – einen ganzen Laib. Er bricht sich ein großes Stück ab und gibt den Laib herum.

Ja, auch deshalb akzeptiert man ihn: er gibt ab, eigentlich immer – wenn er genug hat.

Er genießt die Achtung, die er dann spürt, es ist ein kleines Stück der Macht, die er früher doch so schätzte und um die er kämpfte, solange er denken kann. Sie erhält ihm ein wenig von dem, was er zurückgelassen hat und jetzt so vermisst.

Er weiß wirklich nicht, was er falsch macht.

Überwinde deinen Reichtum – so oder so ähnlich sagte der Prediger doch. Und genau das hat er ja dann auch gemacht.

Voll Wehmut denkt er an sein altes Leben: Haus, immer genug zu essen, einen Wagen … aber zurück geht's nicht mehr. Er hatte damals alle Brücken abgebrochen – so, wie der Prediger es sagte.

Aber im Grunde hat sich nichts geändert: Besser geht's ihm nicht.

Der Journalist

Als Wissenschaftsjournalist bin ich es gewohnt Tatsachen von Vermutungen deutlich zu trennen und da ist es klar: ein Kamel passt nicht durch ein Nadelöhr, das ist nach menschlichem Ermessen unmöglich – aber tatsächlich gehen wir sehr leichtfertig mit diesem Begriff um. Ich möchte einige Bespiele nennen:

- Stephen Hawking litt an einer unheilbaren Nervenerkrankung. Mit 21 Jahren wurden ihm nur noch wenige Lebensjahre vorausgesagt. Er wurde 77 Jahre alt und einer der berühmtesten Physiker unserer Zeit.
- Spontanheilungen sind ein gut belegtes Phänomen, aber trotzdem bis heute nicht erklärbar.
- Bis vor wenigen Jahren galt es als unmöglich, Mann und Frau gleichzeitig zu sein, und viele Zeitgenossen denken das noch immer; heute wissen wir aber, dass dies durchaus sein kann.
- Arminius vollbrachte das Unmögliche: Er besiegte mit seinen Leuten die hochgerüsteten Truppen des römischen Weltreichs.
- Einen Toten zum Leben erwecken, galt als unmöglich; heute ist es gängige Praxis der Notärzte.
- Die Bilder des Mondspaziergangs vor 50 Jahren – früher völlig ausgeschlossen – gingen um die Welt.
- Eine Maus ist nicht stärker als ein riesiger Saurier – trotzdem haben kleine Säugetiere letztlich die Welt der Großreptilien besiegt.

Es gibt auch Beispiel aus anderen Bereichen:

- Ein Meer in einem kaputten Schlauchboot zu überqueren galt als unmöglich – heute ist es für viele Migranten Realität.
- Noch vor wenigen Jahren wäre es undenkbar gewesen einen Lebensretter anzuklagen und zu kriminalisieren. Die Nachrichten beweisen, dass wir uns auch hier getäuscht haben.
- Mit der Strategie: wenn dich einer auf die linke Wange schlägt, so halte ihm auch die rechte hin, hat Gandhi das britische Weltreich in die Knie gezwungen.

Wir sprechen hier von Dingen, die unserer Vorstellung – und in den meisten Fällen auch wissenschaftlich – zugänglich sind und trotzdem begegnet uns immer wieder das Unmögliche. Um wieviel mehr können wir dann in Bereichen damit rechnen, die sich unserer Wahrnehmung entziehen und dem Menschen gänzlich verschlossen sind.

Ich denke wir sollten die Frage, was möglich und was unmöglich ist – auch wissenschaftlich - sehr zurückhaltend betrachten. Und erst recht gilt dies für Dinge wie Tod und Sterben,die jenseits unserer Wahrnehmung sind.

Die Geschichte vom Torwächter und vom Händler

Es war einmal ein Händler, der war mit seinem Kamel nach langer Reise zu vielen Märkten und Bazaren auf dem Weg nach Hause. Er hatte gut verhandelt und gekauft, so dass sein treues Lasttier hoch beladen war. Nach langer Reise kam er dann zu der Stadt, die sein Ziel war.

Nun verhielt es sich so, dass er auf dem Rückweg noch so manchen Halt gemacht hatte und es sich bei Wein, Spiel und Tanz gut gehen ließ und die Zeit aus den Augen verloren hatte, so dass er sich jetzt beeilen musste, um die Tore der Stadt noch offen zu finden.
Als er endlich die Stadt erreichte, war es aber zu spät und alle Tore bereits verschlossen.
„Komm an die Pforte, da kann ich dich hereinlassen", rief der Torwächter vom Ausguck herab.
Froh über sein Glück und den freundlichen Torwächter, begab er sich zu dem besagten Durchlass.
„Das ist zu eng! Du musst abladen, sonst passt ihr da nicht durch."
Das sah der Händler dann auch, denn sein Kamel war schwer beladen. Die Waren türmten sich hoch auf und rechts und links hingen noch Säcke und Fässer.
Also begann er abzuladen:

Zuerst den Teppich, der für ein prachtvolles Haus wie gemacht war, mit faszinierenden Ornamenten und Mustern, dick und bequem.

Dann die Fässer mit Wein, die er für die Feste mit seinen Freunden geplant hatte.

Als Nächstes kam das Kistchen mit dem edlen Schmuck, mit dem er bei seiner Frau und seinen Freunden Eindruck machen wollte.

Genauso verfuhr er mit dem Säckchen voll Gold für die Sicherheit im Alter und damit er seinen Lebensstandard halten konnte, wenn er nicht mehr auf Handelsreisen gehen würde und trotzdem sorglos leben wollte.

Er lud ebenso das Zinngeschirr für die Feste und das prachtvolles Zelt ab, ebenso wie die reich bestickten vornehmen Gewänder.

Auch das Gemälde, das er liebte, seit er es das erste Mal sah, musste weichen.

Er packte die Tasche mit seinem Tagebuch mit den Erlebnissen und Erinnerungen an seine Taten, seine glücklichen und traurigen Momente gleich mit seiner Brieftasche und allen Schuldscheinen (den eigenen und den anderen) dazu.

Und seine Pläne und Wünsche kamen auch noch.

„Reicht das nicht bald?"

„Sieh selbst, es reicht noch lange nicht", antwortete der Torwächter. „Vielleicht machst du mit deinen Waffen weiter."

Er legte seine Waffen ab, mit denen er sich und seine Habe verteidigt hatte; ebenso den Zaun, den er zum Schutz um sein Zelt brauchte und um allen zu zeigen, wo sein Eigentum begann.

Das Nächste war sein dickes Lexikon mitsamt seiner Pfeife (und dem ganz besonderen Tabak, der ihm beim Vergessen half).

„Die Geschenke für deine guten Taten kannst du getrost auch abladen, denn die Taten gehen nicht verloren. Sie sitzen in den Herzen der Menschen"

Irgendwann legte er auch seinen Perfektionismus zur Seite und hörte auf, alles fein säuberlich zu stapeln, denn er erkannte, dass es nicht schön, sondern praktisch sein musste.

So lud er Stück für Stück ab und zum Schluss auch noch seinen Anstand – den Wunsch, alles richtig und korrekt zu machen – und er verschaffte seinem Ärger Luft (den er inzwischen deutlich spürte) und fuhr den Torwächter mit rüder Stimme an.

„Ja, endlich hast du genug abgeladen, jetzt wird's gehen", antwortete der Torwächter und der Händler ließ sich nackt, wie er erschaffen wurde, durch den komplizierten Durchgang führen.

Der Egoist

„Der Reiche und das Himmelreich" ... ich sag Ihnen etwas: das ist mir schnuppe! Ich lebe jetzt und ich lebe gerne und das lass ich mir von keinen Moralaposteln vermiesen.

Ja, viele sagen, ich sei ein Egoist – sollen sie reden – aber mir ist zuerst mal wichtig, dass es mir gut geht. Es geht um mich und mein Leben, denn da kann ich was ausrichten und spüre den Erfolg am schnellsten.

In meinem Leben geht es darum, dass es mir gut geht. Angst tut mir nicht gut, Gier und Neid auch nicht; deshalb ist mir Geld nicht so wichtig oder Besitz und Reichtum. Je mehr du besitzt, desto mehr musst du deines auch zusammenhalten und vielleicht sogar verbergen (dann hast du gar nichts davon) – vor den gierigen Blicken der Neider – und das ist ein ewiger Kampf.

Wohlfühlen ist anders!

Wohlfühlen hat nichts mit Festhalten, mit Angst, mit Verteidigen zu tun. Wohlfühlen – das ist, wenn ich mich zurücklegen kann und mir die Sonne auf den Bauch scheint und ich die Augen zumachen kann, wenn ich dazu Lust habe.

Und wenn ich nichts zu befürchten, keinem etwas Böses getan habe, darf ich das riskieren.

Das Einzige, was ich tue, ist, dass ich auf mein eigenes Wohl schaue und zwar vor dem Wohl anderer. Und das ist nicht böse – nein – es ist sogar ein saugutes Gefühl.

Der Fallschirmspringer

Natürlich kenn ich das Zitat – obwohl ich eigentlich nicht so bibelfest bin … aber ich konnt's mir merken, weil ich es nie richtig kapiert habe. Irgendwann hab ich mir dann meinen eigenen Reim drauf gemacht.

Ich denke, der Satz hat etwas mit Loslassen zu tun – aber das muss ich genauer erklären: Für den Wohlhabenden ist der Himmel verschlossen – nicht, weil er reich ist, sondern solange er reich ist, solange er an seinem Geld klebt – so verstehe ich es. Er muss eben loslassen, seine Sicherheit und Kontrolle aufgeben, den Sprung ins Ungewisse wagen. Denn was dann kommt, kann er nicht mehr steuern oder beeinflussen. Er muss sich dann ganz einlassen auf dem Weg ins „Himmelreich", was immer das bedeuten mag. Da ist dann sein ganzer Besitz und Reichtum eher hinderlich.
Und beim Loslassen sind wir beim Thema, da kenn ich mich als Fallschirmspringer aus:

Vor dem Sprung kontrolliere ich meine Ausrüstung, auch die Qualität ist wichtig, ebenso meine Sicherheit: Helm, Stiefel, Kleidung.
Ein leichtfertiger Sprung ohne – oder mit ungenügender – Vorbereitung kann schnell ins Auge gehen. Auch das Flugzeug ist wichtig; ich werde mich in keinen Flieger setzen, von dem ich nicht weiß, dass er sicher in die Luft geht – oder zu einem schlampigen Piloten.

Das Loslassen kommt erst später, beim Absprung; bis dahin muss ich die Kontrolle oder wenigstens den Überblick haben, auch Vertrauen in meine Ausrüstung, die Vorbereitung und den Piloten mit seiner Maschine.

Irgendwann kommt der Moment, wo der Pilot dir sagt, dass es soweit ist. Noch ein letzter Check, ein „Glück ab" und los geht's – du springst und was jetzt kommt, ist unbeschreiblich:

Du lässt alles hinter dir. Jetzt heißt es loslassen, aber wirklich alles: deine Sorgen und Nöte, die Probleme, die dich drücken, deinen Geldbeutel, dein Bankkonto, das Haus oder die Wohnung, das Auto, die Familie und die Kinder – alles bleibt zurück. Du bist alleine mit den Elementen. Mit einer Geschwindigkeit von 200 km/h geht die Reise los und für ca. 5 – 6 Minuten existierst nur du und du kannst dich, musst dich auf den Fallschirm verlassen, der nach einer knappen Minute den freien Fall bremsen wird.
Du löst dich von allem und verlässt dich auf die dünne Leinwand, die dich trägt und schließlich zur Erde gleiten lässt.
Du spürst, du wirst getragen und gehalten.

Und diesen Sprung kann ich nur machen, weil ich weiß, ich werde getragen. Und weil ich es weiß, kann ich loslassen - und wenn ich es nicht tue, werde ich dieses unbeschreibliche Gefühl im freien Fall nie erfahren. Dann ist es einfach nur ein Absturz.

Außerdem, einen Absprung mit Sicherheitsgurt gibt's nicht; also entweder ich traue und vertraue – oder es geht eben nicht.

Flüchtling

Ich glaube, ich weiß, was du meinst: Es war das
Schlauchboot, in das ich stieg – damals, nach der langen
Reise zum Meer …

Der Reiche

Was wollt ihr von mir – was habe ich euch getan?
Ja, ich habe Geld, es geht mir gut. Aber soll ich mich dafür vielleicht entschuldigen oder schämen?

Ich verdiene wirklich ordentlich, aber ich arbeite auch gern - und wenn ich mir den Erfolg anschaue – nicht schlecht.
Kann ich was dafür, dass mir die Leute den Job anbieten, der mir das dicke Konto beschert?
Soll ich mich für meine gute Arbeit entschuldigen?
Denkt ihr, es ist besser, von anderen zu leben, zu betteln, von Almosen, von der Hand in den Mund, gerade so über die Runden zu kommen oder am Hungertuch zu nagen?

Ihr redet von Verantwortung – für die Menschen!
Ihr habt keine Ahnung – ich kenne Verantwortung gut:
Verantwortung für die dreißig Leute in meiner Abteilung, für die Pläne und Projekte, damit der Betrieb läuft und auch noch genug Arbeit für den nächsten Monat ist. Verantwortung auch für die Leute in der Produktion, im Vertrieb und für die Zulieferer – und für deren Ehegatten und die Kinder. Das hängt ja alles zusammen – oder denkt ihr, das geht von alleine?
Und wenn ich heimkomme, wartet noch mehr Verantwortung: Für die zwanzig Wohnungen (darüber mokiert ihr euch ja auch); da leben Familien, die wollen wohnen

und ein Dach über dem Kopf, das sie auch bezahlen können. Die wollen Heizung und Wasser und einen Spiel-
platz für die Kinder und das ist ihr gutes Recht.
Und ist es wirklich so schlimm, dass ich dabei noch etwas
verdiene? Das ist meine Altersvorsorge – habt ihr nicht
auch Gespartes oder eine Lebensversicherung? Zählt ihr
dann auch zu den Reichen – oder wo ist der Unterschied?

Machen wir mal den Strich drunter: könnt ihr rechnen?
Zählt mal die Leute, mit Familie und Kindern und allem,
was da noch dranhängt, zusammen! Das sind mehr, als
der Pfarrer sonntags in der Kirche sieht – und die kriegen
dort nur ein Stück Esspapier und nicht mal was zu trinken.
Und denkt ihr wirklich, da kommt mehr raus als eine
günstige Gelegenheit die neuen Kleider auszuführen und
eine gehörige Portion Bauchpinselei? Ja, sicher, bei manchen – aber viele sind es nicht.

Okay, der Pfarrer hat einen harten Job – ist auch so `ne
Art Manager. Aber wenn ich ehrlich bin, kommt bei mir
mehr raus – auch für die Menschen. Ich sag nicht, das
liegt am Pfarrer – ich glaube, es liegt letztlich an uns
selbst.

Denkt daran: erst das Fressen, dann die Moral und für
das was in der Lohntüte steckt, bin ich zuständig – und
ohne sieht`s mit dem Fressen verdammt schlecht aus.

Lasst mich in Ruhe mit euren Sprüchen; sonst passiert`s
doch mal, dass ich hinschmeiße ... ich muss das alles
nicht ... meine Schäfchen hab` ich im Trockenen und für
später vorgesorgt. Aber wenn ich dann hinschmeiße,
seht ihr alt aus.
Und wenn den Job dann ein Anderer macht, ist der halt
der Böse.

Eine Stichwortsammlung

Sicherheit – Geborgenheit – Besitz
Perfektion – Pünktlichkeit – Plan
Bequemlichkeit – Eigenheim – Genuss

Bestätigung – Anerkennung – Macht
Herrschaft – Zeremonie – Schein
Leistung – Geltung – Erfolg
vorzeigen – Status – Stolz

mitteilen – mitmachen – Hass
ausnutzen – annehmen – Geschenk
Rechenschaft - Teilhabe – Pflicht
sich sorgen – versorgen – Dienst
beklagen – anklagen – Kampf
Freunde – Botschaft – Dank

vertrauen – verbittern – verzeih'n
Geborgenheit – Gegenseitigkeit – Zorn
Zugehörigkeit – Verantwortung – Geschenk
Hingabe – Erinnerung – Glück
Ehrlichkeit – Offenheit – Zank
Trauern – Klage – Tanz

Vergangenheit – Zukunft – jetzt
überlegen – nachdenken – wahr
aufnehmen – annehmen – schau'n
hoffen – einlassen – Traum

mein Körper – mein Leib – Sein
wer bin ich – wo bin ich – und wie
Erkenntnis – Erfahrung – Halt
Eindeutigkeit – Innerlichkeit – Gefühl
Sicherheit – Ritual – Sinn
Wahrnehmung – Augenblick – still
Mitte – Zentrum – klar
ertragen – aushalten – wahr

abstreifen – lösen – erlösen
vernehmen – hinnehmen – annehmen
zulassen – fallen lassen – verblassen
zurücklassen – finden lassen – belassen
ergreifen – aufgeben – überwinden
annehmen – akzeptieren – abwarten
Zufriedenheit – Genügsamkeit – ruh'n

Existenz – mein Weg – Ziel
Reinheit – Freiheit – Sinn

das Kamel
das Nadelöhr
der Logos

Methodische Anmerkungen zu „Das Kamel und das Nadelöhr"

- Vergleichen Sie die unterschiedlichen Texte. Gibt es Gemeinsamkeiten?
- Welche Unterschiede fallen Ihnen ins Auge?
- Welche Version gefällt Ihnen am besten?
- Wer hat Recht?
- Wo spüren Sie Widerstand? Vielleicht wollen Sie einer Geschichte oder einem Text eine neue Richtung geben!
- Was würden Sie antworten? Nehmen Sie dazu Ihre persönliche Lebenssituation in den Blick.

Anhang

Zur Reihe „Mit Bibel überLeben"

In der Reihe „Mit Bibel überLeben" können neue Wege eines meditativen Umgangs mit der Bibel und ihre zeitlosen Wahrheit entdeckt werden. Sie stellt immer wieder die Frage: Was können diese alten Texte dem rationalen Menschen der Gegenwart sagen?

Die Konzentration auf einzelne bekannte oder weniger bekannte Bibelstellen, bzw. Themenbereiche erleichtert es dem Leser, den Inhalt zu erschließen. Die Geschichten, Gebete, Prosagedichte, meditativen Texte und Auslegungen entfalten eine große Breite an aktueller und erlebter Spiritualität. Teilweise werden biblische Szenen aufgegriffen, teilweise werden die Motive in die heutige Zeit übertragen – aber immer ist der Mensch, als Hörer des Wortes, mit seinem unmittelbaren Leben und Erleben der Ausgangspunkt.

Die Texte geben Anregungen in der persönlichen Auseinandersetzung mit Fragen, die das Leben aufgibt, bzw. für die Predigt- und Gottesdienstvorbereitung; sie eignen sich aber genauso zum Einsatz im Unterricht und in der Erwachsenenbildung, wie auch zum"Text-teilen".

Die ersten fünf Bände erschienen zuerst als E-Books mit reichhaltiger Bebilderung als Angebote zur Besinnung und Meditation; etwas später wurden die Texte in der „Textsammlung" zusammengefasst.

Die Reihe „Mit Bibel überLeben" versucht, (scheinbar) unlösbare Rätsel und Fragen zur Bibel aufzugreifen und auf Antworten zu hören, die sich in der Meditation erschließen können.

Im aktuellen sechsten Band der Reihe „Wie kommt das Kamel durchs Nadelöhr" ist eine Themenübersicht, ein ausführliches Bibelstellen- sowie ein Stichwortverzeichnis enthalten.

Themenbereiche der Gesamtreihe

„Der verlorene Sohn oder eine Geschichte von Verlust und Neubeginn"

Ausgehend vom Bibeltext Lk 15,11-32 wird das Gleichnis in die Realität des 21. Jahrhunderts hineingestellt. Die Erzählung thematisiert das Scheitern der eigenen Existenz und die schmerzhafte Suche nach Heilung, ebenso wie Generationenkonflikt und Rivalität zwischen Geschwistern. Dabei wird, anders als in der biblischen Vorlage, ein besonderes Augenmerk auf die Begegnung der Brüder gelegt.

In den Texten werden die Facetten des modernen Lebens ausgebreitet, aber genauso die Innerlichkeit von Verzeihung und Neubeginn. Sie zeigen die ungebrochene Aktualität des 2000 Jahre alten Gleichnisses und bieten eine neue Leseweise an, die sich gerade in der Reflexion vor dem Hintergrund der Moderne sowie der eigenen Erfahrung niederschlägt und ermöglichen so die Chance der Selbstreflexion und der kritischen Überprüfung der eigenen Lebenspraxis.

BoD-E-Short, ca. 53 Seiten, 19 Bilder, 3,49 €
ISBN: 9783744897495

„Mord, Totschlag und Folter in der Bibel – die dunkle Seite des Menschen"

Der Brudermord Kains an Abel (Gen 4,1-16), die ordinäre Selbstinszenierung eines zutiefst gewalttätigen Menschen im Lamechlied (Gen 4,23f) und eine minutiös geschilderte Folterszene im 2. Makkabäerbuch (2.Mak 7) — die Bibel spart nicht an Darstellungen dieser dunklen und beängstigenden Seite des Menschen.

In sechs meditativen Texten versucht der Autor eine vorsichtige Annäherung an das Phänomen der Gewalt. Dabei sieht er den heutigen Menschen als Adressaten der Bibelworte und stellt die Frage, wieviel von Kain, Lamech oder den Folterknechten in uns steckt, wie wir damit umgehen und was die Texte uns zu sagen haben. Er nimmt neben der individuellen Verantwortung auch gesellschaftliche Ursachen in den Blick.

Andreas Sperling-Pieler versucht, Platz für Fragen im inneren Chaos zu schaffen, welches die Wahrnehmung von Gewalt in uns hinterlässt. Für ihn ist es gerade der Blick auf menschliche Erfahrungen wie Verzweiflung und den fehlenden Halt, die den Weg zu mehr Klarheit öffnen können.

BoD, E-Short: 43 Seiten, 10 Bilder, 2,99 €
ISBN: 9783744897631

Der „Adventskalender für Erwachsene" wendet sich ausdrücklich auch an Menschen, die der Kirche und dem Glauben kritisch, ablehnend oder indifferent gegenüber stehen.

In 31 Episoden wird für jeden Tag im Dezember in einer freien Neuerzählung die gesamte Weihnachtsgeschichte abgebildet. Jede der einzelnen Stationen ist mit Impulsen zur individuellen Weiterarbeit ergänzt; im E-Book laden Abbildungen zur Ruhe und Reflexion ein.

Andreas Sperling-Pieler setzt biblische und historische Fakten in einen neuen Rahmen und fragt nach der Relevanz für den heutigen Menschen in seinem gesellschaftlichen und individuellen Sein, gerade auch unabhängig von traditionellen religiösen Zusammenhängen. Die kurzen meditativen Impulse sind ein Angebot zur individuellen Reflexion über Facetten unseres Lebens und unseres Mensch-Seins.

BoD, E-Short: ca. 51 Seiten, 31 Bilder, 3,49 €
ISBN: 9783744899864

„Mysterien der Bibel: Verklärung, Kreuzigung und Auferstehung"

„Das war wirklich ein gerechter Mensch", so hören wir in Lk 23,47 den römischen Hauptmann am Kreuze Jesu. Welchen Sinn machen diese Worte der Heiligen Schrift von jemandem, der nicht nur politisch, sondern wohl auch religiös auf einer völlig anderen Seite stand? Was kann uns diese Episode mit dem krassen Außenseiter im frühchristlichen Umfeld sagen? Und was hat das mit Schuld zu tun? Gibt es da auch für uns Heutige, die wir oft genug den religiösen Mysterien doch eher kritisch gegenüberstehen, etwas zu lernen?

Die Kreuzigung wird aus der Sicht des römischen Hauptmanns neu erzählt. Der Focus wird dabei auf die Frage der Schuld gelegt

Daneben werden auch die Transzendenz der Verklärung in der Markus-Apokalypse (Mk 9,2-10) und die nachösterliche Auferstehungserfahrung betrachtet.

Andras Sperling-Pieler wählt dazu unterschiedliche Perspektiven und Stilmittel. Er will mit seinen Texten den Blick für Antworten öffnen, die uns nur in der Spiritualität gegeben werden können.

Das Büchlein hat seinen Platz in der seelsorgerlichen Arbeit, genauso wie in der individuellen Auseinandersetzung und der Erwachsenenbildung.

BoD, E-Short ca.51 Seiten, 17 Bilder, 2,49 €
ISBN: 9783746064895

„Über Lähmung und Erstarrung – von Flucht und Rettung" thematisiert diese existentiellen Lebenserfahrungen aus völlig unterschiedlichen Blickwinkeln. In 12 Texten betrachtet Andreas Sperling-Pieler Situationen, die uns, sowohl im Kleinen, als auch im Großen, ereilen können.

Die Texte, Geschichten, Auslegungen und Gebete thematisieren Gegebenheiten, die uns alle mehr oder weniger stark betreffen: Es geht um Menschen, die gegen sich selbst kämpfen und an sich, bzw. an der Situation, in die sie sich gestellt sehen, verzweifeln und um Wege ringen. Dabei lässt der Autor einzelne Bibelstellen immer wieder durchscheinen und bietet mögliche Deutungen, auch – oder gerade – für uns heute, behutsam an.

„Über Lähmung und Erstarrung – von Flucht und Rettung" ist geschrieben für alle Menschen in Krisen und für deren Umfeld (das oftmals genauso leidet). Es kann Chancen für einen neuen Blick auf Lebensvollzüge bieten und überraschende Perspektiven aufzeigen.

Es eignet sich für den privaten Gebrauch und zum „Textteilen", bietet aber auch im Unterricht, der Katechese, der Arbeit mit und in Gruppen, sowie der Predigtvorbereitung Anregungen und Impulse.

BoD, E-Short, ca. 100 Seiten, 53 Bilder, 7,49 €
ISBN: 9783752812138

„Wie kommt das Kamel durch's Nadelöhr"

Es gibt sie, die deutlichen Worte, klaren Aussagen und wachrüttelnden Botschaften in der Bibel. Sie ist beileibe kein Märchenbuch mit frommen Geschichten, sondern fordert eindeutiges Handeln von uns und bietet uns in kritischen Situationen durchaus Hilfen, auch zur Reflexion.

In den 13 Texten des Buches, ausgewählt aus dem Alten und Neuen Testament, werden wir mit Machtmissbrauch in vielerlei Hinsicht konfrontiert. Die Texte haben dabei immer den Unterdrückten, Rechtlosen und Unterprivilegierten sowie den Menschen in seiner inneren Zerrissenheit im Blick. Allerdings schrecken uns die biblischen Maximalforderungen oft ab und die zum Teil radikalen Positionen erscheinen lebensfremd und unrealistisch.

In verschiedenen Ansätzen, auf ganz unterschiedliche Weise, bietet der Autor neue Sichtweisen und neue Blickwinkel an und möchte so einen Beitrag zur Neuentdeckung der Heiligen Schrift leisten.

Das Buch ist für Predigt und Katechese geeignet, genauso wie für Schule und den privaten Gebrauch.

BoD, Buch: 10,00 €, E-Book: 5,49 €
ISBN: 9783750426856, 188 Seiten

„Textsammlung"

In der Textsammlung sind die Texte der ersten fünf E-Shorts in gedruckter Form (ohne Bilder) zusammen gefasst.

Sie eignet sich gerade für Erwachsenenbildung, Schule oder Jugendarbeit als reichhaltiger Fundus an Texten und Themen. Dies trifft genauso auf die Gemeindearbeit, die Vorbereitung für Katechese und Predigt zu.

BoD Paperback: 10 €, 248 Seiten,
ISBN: 9783752805857
BoD E-Book: 5,99 €
ISBN: 9783752871104

Bibelstellenverzeichnis der Gesamtreihe

Die Bibelstellen ebenso wie die Stichwörter beziehen sich jeweils auf ein Buch (erste Zahl) und auf die jeweils erste Seite, bzw. auf den ersten Vers des Textes (zweite Zahl). Die Texte der ersten fünf E-Books sind in der „Textsammlung" zusammengefasst; darauf beziehen sich auch die Seitenzahlen. Die jeweiligen Fundstellen werden durch ein „ / " voneinander getrennt.
Bibelstellen, denen ein eigener Text gewidmet ist, sind „fett", indirekte Verweise und Anklänge sind in normaler Schrift gedruckt.
Um das Auffinden der Bibelstellen zu erleichtern, wurde es alphabetisch geordnet.
Die Verzeichnisse sind nur eine Auswahl und erheben keinen Anspruch auf Vollständigkeit.

1 „Der verlorene Sohn oder eine Geschichte von Verlust und Neubeginn"
2 „Mord, Totschlag und Folter in der Bibel – die dunkle Seite des Menschen"
3 „Ein Adventskalender für Erwachsene"
4 „Mysterien der Bibel: Verklärung, Kreuzigung und Auferstehung"
5 „Über Lähmung und Erstarrung – von Flucht und Vertreibung"
6 „Wie kommt das Kamel durchs Nadelöhr"

Gen 17,1	**/6,85/**	Ijob 32,24	/6,137/
Gen 17,1	/6,93/	Ijob 7,12	/6,129/
Gen 17,1	/5,36/	Ijob 7,12	/6,137/
Gen 19,17	/5,26/	Ijob 7,6	/6,109/
Gen 19,25	**/5,26/**	Jak 2,5	/6,23/
Gen 26,2	/5,36/	Jak 5,5	/6,11/
Gen 37,13	/6,63/	Jak 5,7	/6,111/
Gen 37,26	/1,104/	Jer 10,21	/6,35/
Gen 4,1	**/6,63/**	Jer 12,19	/6,41/
Gen 4,1	**/2,140/**	**Jer 12,9**	**/6,47/**
Gen 4,15	/2,150/	Jer 13,27	/6,27/
Gen 4,23	**/2,150/**	Jer 14,12	/6,11/
Gen 45,15	/1,104/	Jer 15,10	/6,51/
Gen 6,9	/6,85/	Jer 2,8	/6,35/
Gen31,29	/6,17/	Jer 20,9	/5,73/
Hab 2,4	/6,141/	Jer 23,1	/6,47/
Hab 2,5	/6,105/	Jer 3,12	/2,140/
Heb 4,3	/6,141/	Jer 32,17	/6,85/
Hebr 11,4	/6,63/	Jer 5,31	/6,17/
Hebr 13,4	/6,27/	Jer 5,8	/6,27/
Hebr 13,5	/5,91/	Jer 51,53	/5,84/
Hos 14,5	/6,117/	Jer 6,20	/6,11/
Hos 2,11	/6,11/	Jer 7,11	/6,41/
Hos 5,6	/6,11/	Jer 9,10	/6,47/
Hos 7,2	/5,73/	Jer 9,23	/6,137/
Hos 8,13	/6,11/	Jes 1,11	/6,11/
Ijob 27,8	/6,105/	Jes 23,8	/6,125/
Ijob 31,9	/6,27/	Jes 28,12	/6,141/

Lk 18,22	/6,119/	Mk 10,13	/6,115/
Lk 18,22	/6,131/	Mk 10,17	/6,115/
Lk 18,23	/6,57/	Mk 10,21	/6,57/
Lk 18,25	**/6,101/**	Mk 10,21	/6,131/
Lk 18,41	/5,70/	Mk 10,25	/6,101/
Lk 19,45	/6,41/	Mk 10,36	/5,67/
Lk 2,1	/3,178/	Mk 10,42	/6,93/
Lk 20,9	/6,47/	**Mk 10,46**	**/5,67/**
Lk 21,18	/6,111/	Mk 11,15	/6,41/
Lk 22,24	/6,93/	Mk 13,13	/6,23/
Lk 24,34	/4,239/	Mk 13,18	/6,135/
Lk 3,5	/5,91/	Mk 13,9	/6,23/
Lk 5,19	/5,48/	Mk 16,11	/4,239/
Lk 6,20	/6,23/	Mk 16,14	/4,239/
Lk 6,24	/6,11/	**Mk 2,1**	**/5,48/**
Lk 6,29	/6,123/	Mk 5,21	/5,36/
Lk 6,42	/1,104/	Mk 8,34	/6,131/
Lk 8,15	/6,111/	**Mk 9,2**	**/4,220/**
Lk 8,40	/5,36/	**Mk 9,33**	**/6,93/**
Lk 9,23	/6,131/	**Mt 1, 18**	**/3,178/**
Lk 9,29	/4,220/	Mt 10,21	/6,51/
Lk 9,46	/6,93/	**Mt 10,34**	**/6,51/**
Lk 9,57	**/6,57/**	Mt 10,37	/6,131/
Lk,23,33	**/4,229/**	Mt 12,22	/5,33/
Mal 1,8	/2,140/	Mt 13,12	/6,51/
Mal 4,2	/5,62/	Mt 13,12	/5,33/
Mi 2,1	**/6,17/**	Mt 13,16	/6,23/
Mi 7,6	/6,51/	Mt 16,24	/6,131/

Sach 14,1	/6,135/	Spr 21,27	/6,11/
Sach 3,7	/6,141/	Spr 21,6	/6,129/
Sach 7,14	/6,47/	Spr 28,9	/6,11/
Sach 9,9	/3,178/	Spr 6,14	/6,17/
Spr 11,4	/6,109/	Spr 6,32	/6,27/
Spr 15,8	/6,11/	Spr 8,18	/6,137/
Spr 16,7	/6,129/	Tit 2,14	/4,229/
Spr 16,8	/6,129/	Zef 1,11	/6,125/
Spr 16,9	/6,129/	Zef 1,12	/6,11/
Spr 21,1	/6,137/	Zef 2,13	/5,73/

Stichwortverzeichnis der Gesamtreihe

Zum Umgang mit den Verzeichnissen siehe „Bibelstellenverzeichnis der Gesamtreihe"

Abel	/2,142//2,146/
Abhängigkeit	/5,48/
Abschied	/1,104/
Abschottung	/6,11/
Abseits	/1,122/
Absicherung	/6,63/
Abstammung	/3,210/
Absturz	/6,63/
Achtung	/2,142/
Aggression	/2,151/
aktiv	/6,63/
Aktivität	/5,73/
Akzeptanz	/6,93//5,48//6,119/
alleine	/3,190//5,94/
Alternativen	/3,189/
Altes	/1,118//3,193/
Amtsmissbrauch	/6,35/
Anerkennung	/6,141/
Anfang	/5,62/
anfangen	/3,184/

angleichen	/2,146/
Angst	/6,85//4,239//2,142/
	/1,104//5,94//5,67/
	/5,26//6,93//1,126/
	/1,122//5,94//5,73/
	/5,62/
Anklage	/6,27/
Ankunft	/1,118/
Annahme	/6,93/
anpacken	/1,104//3,205/
Ansehen	/3,210/
Anspannung	/4,229/
Apokalypse	/4,220/
Arbeit	/3,188//6,137/
Armut	/6,23/
Arzt	/1,104/
Aufbruch	/3,184//3,191//3,185/
Auferstehung	/4,239/
Aufgabe	/6,63//5,94//3,188/
	/6,111/
Aufmerksamkeit	/4,229/
Aufrichtigkeit	/6,57/
Auftrag	/5,73/
Augen verschließen	/5,91/
Ausdauer	/5,36/
Auseinandersetzung	/2,142/
Ausgrenzung	/6,11/
Aushalten	/6,57/
Ausreden	/6,57/

Ehrfurcht	/6,41/
Ehrgeiz	/6,93//5,84/
Ehrlichkeit	/6,57//3,208/
Eifersucht	/6,27/
Eigennutz	/5,36/
Eigentum	/6,17/
Einfachheit	/3,203//3,205/
einlassen	/6,135//6,141/
einmauern	/5,67/
Einsamkeit	/6,85//1,104//5,84/
einsetzen	/3,187/
Einsicht	/2,166//4,229/
Elite	/3,200/
empfangen	/6,63/
Entbehrung	/3,203//6,135/
Entehrung	/2,162/
Entrückung	/4,220/
entscheiden	/3,190/
Entscheidung	/3,189//3,194//3,193/
Entwicklungshilfe	/6,109/
Entwürdigung	/2,157/
Entzweiung	/6,51/
Erbe	/1,104/
Erfahrung	/4,239/
Erfolg	/6,93//4,229//1,104/ /5,73/
erfolgreich	/6,93/
erfüllen	/6,111/

ergänzen	/2,146/
Erinnerung	/6,119//1,122/
erkennen	/1,118//4,239/
Erkenntnis	/4,239/
Erniedrigung	/5,26/
ernst nehmen	/5,48/
Erstarrung	/5,26//5,32/
erstreben	/5,84/
Erwartung	/3,195//3,197//4,229/
fallenlassen	/6,141/
Fehler	/6,17//1,104//5,84/ /5,73//5,36//6,93/ /6,85/
Fehlverhalten	/6,17/
Feigheit	/4,239/
festhalten	/6,119//1,104/
Finsternis	/6,85//5,91/
Flucht	/6,11//3,211//5,73/ /5,26//6,135/
Folter	/2,166//5,26//2,157/ /2,162/
Folterknechte	/2,166/
Fortschritt	/5,36//1,129/
Fragen	/3,194//2,162//5,91/ /5,67/
Freude	/3,206//1,104//1,117/ /3,196/
Freunde	/3,211/
Frieden	/6,23//6,51/

Kampf	/6,119/
kämpfen	/3,187/
Karriere	/4,229/
Katechese	/6,143//2,166//2,162/ /2,154//2,151//2,146/ /2,142/
Kinder	/1,118//6,115/
Kindheit	/1,117/
Kirche	/6,35//6,47//6,41/
Kirchenleitung	/6,47/
Kloster	/5,84/
Kompromiss	/6,51/
Konflikt	/3,188/
Konformität	/2,154/
Konkurrenz	/6,63/
Konsequenz	/6,47//5,73//6,57/
Konto	/6,105/
Kontrolle	/6,131/
Konvention	/3,192/
kraftvoll	/4,220/
krank	/5,70/
Krankheit	/5,84//1,104/
Kreuz	/4,229/
Kreuzigung	/4,229/
Krieg	/6,11/
Kritikfähigkeit	/2,154/
Kritiklosigkeit	/2,154/
Kultur	/6,11/

Kunst	/6,63/
Lähmung	/5,36/
Lamech	/2,151/
Leben	/5,73/
Lebenserfahrung	/3,205//4,229/
Leere	/6,63/
Leichtfertigkeit	/6,131/
Leiden	/4,229/
Lethargie	/2,146/
Licht	/6,85//5,91/
Lilien	/6,117/
Logos	/6,141/
lösen	/6,141/
loslassen	/6,119//6,141//6,131/ /6,125/
Lüge	/6,23//6,17/
Luxus	/6,11//6,125//6,47/
Macht	/3,209//6,17/
Machterhalt	/2,154//3,209//3,201/
Magier	/3,178/
Mangel	/1,104/
Maria	/3,192/
Märtyrer	/4,239//6,47/
Mauer	/5,67/
Meinungsverschiedenheit	/3,187/
Menschlichkeit	/6,93/
Metaphysik	/6,123/

Ratlosigkeit	/2,162/
Recht	/6,27/
Rechtsmissbrauch	/6,27/
reden	/5,33/
Reflexion	/2,142//3,178//2,166/ /2,162//2,154//2,151/ /2,146/
Reichtum	/1,104//6,17//6,101/ /6,109//6,137//6,129/ /6,125//6,119/
Reise	/3,196//3,198/
Rettung	/5,73//5,62/
Rhythmus	/5,84/
richtig	/5,73/
Richtung	/3,188/
Risiko	/5,62//6,131//5,36/
Rivalität	/2,142/
Routine	/5,70//4,229/
Rücksicht	/6,51/
rufen	/5,70/
Ruhe	/2,151/
Ruhelosigkeit	/6,63//5,94//5,70/
Salzsäule	/5,26/
Sanftheit	/2,146/
Schatten	/6,85//5,91/
Schätzung	/3,196/
Scheuklappen	/5,91/
Schranken	/3,212/

Schuld	/5,36//4,229//1,129/
	/5,73//5,62//5,48/
Schuldlosigkeit	/2,157/
Schuldzuweisung	/5,70//3,204//1,129/
Schule	/2,166//6,143//2,142/
	/2,146//2,151//2,154/
	/2,162/
Schutz	/6,85//5,73/
Schwangerschaft	/3,193/
Schweinehirt	/1,104/
Schwert	/6,51/
Schwierigkeiten	/5,94//1,104//5,73/
sehen	/5,91/
Sehnsucht	/6,63//1,129//1,122/
	/1,117//1,104//5,48/
	/5,33/
Sehnsüchte	/5,33/
Selbstachtung	/1,104/
Selbständigkeit	/5,36/
Selbstaufgabe	/6,85/
Selbstbestätigung	/2,142/
Selbstbezogenheit	/5,67/
Selbstdarstellung	/6,47/
Selbstgerechtigkeit	/6,129/
Selbstinszenierung	/2,151/
Selbstisolation	/1,104/
Selbstmitleid	/5,70//2,142/
Selbstreflektion	/5,73/
Selbstsucht	/6,129/

Selbstüberschätzung	/6,93/
Selbstverleugnung	/6,63/
Selbstvertrauen	/6,85/
Selbstzerfleischung	/1,129/
Selbstzerstörung	/2,142/
Selbstzufriedenheit	/6,129/
Seligpreisung	/6,23/
sensationslüstern	/4,229/
Sexualität	/6,27/
Sicherheit	/6,63//6,141//6,131/
Sicht	/5,91/
Sinnlosigkeit	/6,63/
Solidarität	/2,157/
Sohn	/1,104/
Söhne	/1,118/
Sorge	/6,125//6,137/
Sozialhilfe	/6,109/
Spanner	/6,27/
Spaß	/1,117/
Spott	/4,229/
sprachlos	/5,33/
Sprachlosigkeit	/5,84//2,162/
sprechen	/5,33/
Stalker	/6,27/
Stall	/3,207/
Stammbaum	/3,210/
Stammtisch	/2,154/
Standhaftigkeit	/2,157/

sterben	/4,229/
Stern	/3,178/
Stoizismus	/6,111/
Strategie	/3,188/
Streben	/5,84//3,183/
Stress	/6,119/
stumm	/5,33/
Suche	/3,185//3,204/
Sucht	/1,104/
Sünden	/5,36//5,48/
Tempelreinigung	/6,41/
Tod	/4,229/
trauen	/6,57/
Trauer	/5,26//6,23//1,104/
Traum	/6,63/
Träumer	/6,63/
Treue	/6,17/
Turm	/5,84/
Überraschung	/3,198/
übertrumpfen	/6,93/
Überzeugung	/2,157/
Übung	/5,36/
Umkehr	/5,73/
Unbarmherzigkeit	/2,157/
Unbekanntes	/4,220/
unbequem	/6,51/
Unfähigkeit	/5,33/
Unfrieden	/6,17/

ungewiss	/3,185/
Ungewisses	/3,198/
Ungewissheit	/6,131//3,196//3,185/
Ungleichheit	/6,11/
Unglück	/6,17/
Unheil	/6,17/
unlösbar	/5,94/
unmögliches	/6,123/
unnütze	/5,36/
Unrecht	/6,27/
Unselbständigkeit	/5,36//5,48/
Unsicherheit	/3,211/
Unterdrückung	/2,154/
Unterentwicklung	/6,11/
Unterricht	/6,143//2,166//2,162/ /2,154//2,151//2,146/ /2,142/
Unterstützer	/2,166/
Unvermeidbarkeit	/3,197/
Unvollkommenheit	/5,36/
unvollständig	/5,36/
Unwägbarkeit	/3,185/
Unwirklichkeit	/4,220/
Unzufriedenheit	/6,63/
Unzulänglichkeit	/5,36/
Urteil	/6,101/
Vater	/6,93//1,129//1,118/ /1,104/

Vatikan	/6,47/
Veränderung	/6,51//4,220//3,201/ /3,184//5,32/
Verantwortung	/3,200//6,17//6,137/ /5,36//2,166//5,73/
Verbitterung	/5,48/
Vergangenheit	/5,26//5,94/
vergeben	/4,229/
Vergebung	/5,48//4,229//1,129/ /1,126//1,122//1,118/
Vergeltung	/2,151/
Vergewaltigung	/2,162/
Verklärung	/4,220/
Verlangen	/5,67//5,70/
verlassen	/3,194/
Verletzung	/1,104/
Verleugnung	/6,63/
Verleumdung	/6,23/
verloren	/1,104//6,109/
Verlorenheit	/6,85/
Verlust	/6,63//2,142//1,104/ /6,85/
Vermögen	/1,104/
Vernachlässigung	/6,35/
verschlingen	/5,73/
Verspätung	/3,208/
verstecken	/4,239/
Versuch	/5,36/
Verteilung	/6,109/

Vertrauen	/6,85//1,104//5,62/
	/5,36//6,135//6,131/
Vertuschung	/6,35/
Verurteilung	/4,239//4,229/
Verweigerung	/5,73/
Verwirrung	/5,84/
Verzeihung	/1,118//1,129//1,126/
	/1,122/
Verzweiflung	/2,162//5,73/
Video	/2,162/
Vögel	/6,117/
Völlerei	/1,104/
Vorbereitung	/6,131//2,151//2,146/
	/2,142/
Vorbild	/6,115/
Vorsorge	/6,63//6,125/
Wagnis	/5,36//6,135/
Wahl	/5,36/
Wahrheit	/6,51//4,239//4,229/
Wahrnehmung	/4,220//5,62/
Wahrscheinlichkeit	/6,123/
Weg	/6,85//5,94//1,104/
	/5,91/
Wege	/3,189/
Wegweiser	/3,186/
Weherufe	/6,23/
Weihnachten	/3,178/
weiter machen	/1,126/
weitergehen	/1,126/

wetteifern	/6,93/
Widerspruch	/6,51/
wiedergefunden	/1,104/
Wiedersehen	/1,118//1,122/
Wirklichkeit	/4,220//5,91/
Wirksamkeit	/6,137/
Wirkung	/5,73/
Wirtschaft	/6,17/
Wissenschaft	/6,123/
wohlfühlen	/6,129/
Wohlstand	/6,105/
Wunder	/5,62/
Wunsch	/5,33//1,122//1,104/
	/5,67/
Wut	/2,162//1,129/
zerstreuen	/5,84/
Ziel	/3,188//3,184//3,189/
Zielstrebigkeit	/3,184//6,63//6,63/
	/5,84//3,183/
zögern	/6,57/
Zorn	/6,41/
Zuflucht	/6,135/
Zufriedenheit	/6,63/
zuhören	/1,104/
Zukunft	/5,26//3,202//1,126/
	/1,104//5,94/
zurück gesetzt	/1,122/
zurückbleiben	/1,118/

zurücklassen	/6,125//6,135/
Zurückweisung	/2,142/
Zusammenbruch	/1,104/
Zusammenschluss	/3,187/
Zuversicht	/6,85//6,85/
Zuwendung	/3,207//6,35/
Zwiespalt	/2,142/
Zwietracht	/6,51/
Zynismus	/5,48/

Grundsätzliche methodische Anmerkungen

Sicher ist es bei diesem Thema problematisch, pädagogische Anweisungen zu geben oder das Ganze in ein didaktisches Konzept zu bringen. Ob und wie die Thematik individuell oder in einer Gruppe aufgegriffen wird, ist grundsätzlich der jeweiligen Situation geschuldet und erfordert in erster Linie Offenheit und Sensibilität; lehrerhaftes (oder gar oberlehrerhaftes) Verhalten ist hier fehl am Platz.
Trotzdem möchte ich einige grundsätzliche Bemerkungen vorausschicken.

Als Religionslehrer bin ich es gewohnt, meinen Schülern in Meditationen Fragen anzubieten, die ihnen beim Umgang mit den Texten helfen können. Sie – als Leser oder Leserin - sind nicht meine Schüler und ich stehe nicht vor der Klasse, aber trotzdem möchte ich Ihnen einige Fragen und methodische Hinweise zur Verfügung stellen, die Ihnen helfen mögen, die Texte zu erschließen.

Es ist nicht so wichtig, ob ich mit meinen Hilfestellungen richtig liege oder nicht, aber es ist durchaus bedeutsam, zu erkennen, welche Fragen bei der meditativen Beschäftigung mit den Inhalten uns treffen und welche nicht.

- Lassen Sie sich Zeit!
- Was sagt mir der Text (aus den Büchern, als auch der biblische Text)?
- Was hat er mit mir zu tun?
- Welcher Teil des Textes tut mir gut?
- Wo spüre ich Widerstand?
- Was ärgert mich am Text?
- Wo ist er „daneben" und wie wäre er „richtiger"?

Es geht nicht um „Beichte" oder schonungslose Offenbarung der eigenen Person. Dies bedeutet gerade für das Arbeiten in Gruppen:

- Respektierung des Schweigens
- Akzeptanz der Privatsphäre
- Wie viel will/kann ich mitteilen (und wem)?
- Wie gehe ich mit dem um, was ich lieber für mich behalte?

Zum Autor

Andreas Sperling-Pieler arbeitet seit 1982 als Religionslehrer an einer Gewerbeschule am Hochrhein.
In seiner Arbeit legt er einen besonderen Fokus auf den
Zugang der jungen Erwachsenen zu einer erlebten Innerlichkeit und Spiritualität. Hier versucht er mit neuen Wegen, seine Schüler zu erreichen und durch vielfältige me-
ditative Methoden Handlungsperspektiven in einer immer unübersichtlicheren Welt zu vermitteln. Seit einiger
Zeit nutzt er dazu – und auch zur eigenen Reflexion –
selbst verfasste Texte, in denen er unter dem Blickwinkel
der Bibel Dimensionen des Mensch-seins beleuchtet.

Weitere Aktivitäten sind Fortbildungen mit Lehrern, Be-
triebsräten, sowie Kurse in der freien Jugendarbeit.

Andreas Sperling-Pieler hat neben dem Studium der Reli-
gionspädagogik (FH 1982) Soziale Verhaltenswissen-
schaft und Politikwissenschaft (B.A. 2005) studiert, sowie
eine Ausbildung zum Meditationsleiter (1997) gemacht.
Zwischen 2003 und 2010 beendete er zwei mehrjährige
Weiterbildungen zu Beratung und Begleitung.
Er lebt heute mit seiner Frau am Hochrhein, hat zwei erwachsene Kinder und vier Enkelkinder.

Weitere Veröffentlichungen

„Ruheelemente im Unterricht" ist im Zusammenhang einer Lehrerfortbildung im beruflichen Schulwesen (Gewerbeschule) entstanden. Der Aufsatz bietet neben methodischen Ansatzpunkten auch Hilfen zur praktischen Einführung des „Stillen Impulses" als wiederkehrendes Unterrichtselement.

Der Autor hat neben dem Religionsunterricht durchaus auch andere Unterrichtsfächer bis hin zur Überprüfung des eigenen Lehrerhandelns im Blick. Er bietet diverse Meditationsmethoden, z.T. für die individuelle Weiterarbeit für Schüler und Schülerinnen aufbereitet. Ergänzt wird die Arbeit durch Ergebnisse aus verschiedenen Schülerbefragungen.

BoD, E-Short: 0,49 €, ca 49 Seiten
ISBN: 9783743161962

Materialdienst Rätsel

Ziel der Handreichung ist es, Kolleginnen und Kollegen mit Rätseln im schulischen Alltag zu unterstützen und konkretes Arbeitsmaterial an die Hand zu geben. Die kopierfertigen Arbeitsblätter – vorzugsweise gedacht für die beruflichen Schulen, sowie die oberen Klassen von Haupt- und Sonderschulen – orientieren sich überwiegend am Bildungsplan für Berufliche Schulen und können sowohl im konkreten Fachunterricht, d.h. im Religionsunterricht, als auch in (unvorhersehbaren) Vertretungsstunden problemlos eingesetzt werden.

Paperback (Din A 4): 15,00 €, 117 Seiten, illustriert, mit Material-CD; erhältlich bei IRP Freiburg, Habsburgerstraße 107, 79104 Freiburg

Nachwort und Dank

Von den ersten Worten bis zum Schluss dieses Buches vergingen wohl mehrere Jahre. Zeiten des euphorischen Schreibens wechselten mit Mutlosigkeit und Lethargie. Es waren dann oft genug gerade diese Bibelworte, die mich so manches Mal aus der Erstarrung holten und wachrüttelten.

Deshalb bin ich meiner Familie und insbesondere meinen Enkeln dankbar, die mich immer wieder ins Leben mitnahmen und so für die Offenheit sorgten, die es braucht, um zu hören.
Ich danke ebenso allen Menschen, die für mich wichtig sind, denn sie haben alle in irgendeiner Weise mitgewirkt: meine Freunde, meine Kollegen, besonders auch meine Schüler und Schülerinnen.
Aber ganz besonders danke ich meiner Frau, die es nicht immer leicht hatte.

Andreas Sperling-Pieler